HUMANITIES AND SOCIETY

希腊民主的问题

Jacqueline de Romilly

[法国] 雅克琳娜 · 德 · 罗米伊 著 高煜 译

译林出版社

图书在版编目（CIP）数据
希腊民主的问题 / （法） 罗米伊著；高煜译．—南京：译林出版社，2015.4（2019.6重印）
（人文与社会译丛/刘东主编）
ISBN 978-7-5447-5390-6

I.①希… II.①罗… ②高… III.①民主–政治制度–研究–古希腊 IV.①D754.59

中国版本图书馆CIP数据核字（2015）第056853号

著作权合同登记号　图字：10-2011-568 号

希腊民主的问题　[法国] 雅克琳娜·德·罗米伊 / 著　高　煜 / 译

责任编辑　宋　旸
装帧设计　胡　苨
责任印制　单　莉

原文出版　Hermann Editeurs, 2006
出版发行　译林出版社
地　　址　南京市湖南路 1 号 A 楼
邮　　箱　yilin@yilin.com
网　　址　www.yilin.com
市场热线　025-86633278
排　　版　南京展望文化发展有限公司
印　　刷　江苏凤凰通达印刷有限公司
开　　本　880 毫米 × 1230 毫米　1/32
印　　张　6.875
版　　次　2015年 4 月第 1 版　2019 年 6 月第 2 次印刷
书　　号　ISBN 978-7-5447-5390-6
定　　价　48.00 元

主编的话

刘 东

总算不负几年来的苦心——该为这套书写篇短序了。

此项翻译工程的缘起，先要追溯到自己内心的某些变化。虽说越来越惯于乡间的生活，每天只打一两通电话，但这种离群索居并不意味着我已修炼到了出家遁世的地步。毋宁说，坚守沉默少语的状态，倒是为了咬定问题不放，而且在当下的世道中，若还有哪路学说能引我出神，就不能只是玄妙得叫人着魔，还要有助于思入所属的社群。如此嘈嘈切切鼓荡难平的心气，或不免受了世事的恶刺激，不过也恰是这道底线，帮我部分摆脱了中西“精神分裂症”——至少我可以倚仗着中国文化的本根，去参验外缘的社会学说了，既然儒学作为一种本真的心向，正是要从对现世生活的终极肯定出发，把人间问题当成全部灵感的源头。

不宁惟是，这种从人文思入社会的诉求，还同国际学界的发展不期相合。擅长把捉非确定性问题的哲学，看来有点走出自我囿闭的低潮，而这又跟它把焦点对准了社会不无关系。现行通则的加速崩解和相互证伪，使得就算今后仍有普适的基准可言，也要有待于更加透辟的思力，正是在文明的此一根基处，批判的事业又有了用武之地。由此就决定了，尽管同在关注世俗的事务与规则，但跟既定框架内的策论不同，真正体现出人文关怀的社会学说，决不会是医头医脚式的小修小补，而必须以激进亢奋的姿态，去怀疑、颠覆和重估全部的价值预设。有意思的是，也许再没有哪个时代，会有这么多书生想要焕发制度智慧，这既凸显了文明的深层危机，又表达了超越的不竭潜力。

于是自然就想到翻译——把这些制度智慧引进汉语世界来。需要说明的是，尽管此类翻译向称严肃的学业，无论编者、译者还是读者，都会因其理论色彩和语言风格而备尝艰涩，但该工程却绝非寻常意义上的"纯学术"。此中辩谈的话题和学理，将会贴近我们的伦常日用，渗入我们的表象世界，改铸我们的公民文化，根本不容任何学院人垄断。同样，尽管这些选题大多分量厚重，且多为国外学府指定的必读书，也不必将其标榜为"新经典"。此类方生方成的思想实验，仍要应付尖刻的批判围攻，保持着知识创化时的紧张度，尚没有资格被当成享受保护的"老残遗产"。所以说白了：除非来此对话者早已功力尽失，这里就只有激活思想的马刺。

主持此类工程之烦难，足以让任何聪明人望而却步，大约也惟有愚钝如我者，才会在十年苦熬之余再作冯妇。然则晨钟暮鼓黄卷青灯中，毕竟尚有历代的高僧暗中相伴，他们和我声应气求，不甘心被宿命贬低为人类的亚种，遂把逐译工作当成了日常功课，要以艰难的咀嚼咬穿文化的篱笆。师法着这些先烈，当初酝酿这套丛书时，我曾在哈佛费正清中心放胆讲道："在作者、编者和读者间初步形成的这种'良性循环'景象，作为整个社会多元分化进程的缩影，偏巧正跟我们的国运连在一起，如果我们至少眼下尚无理由否认，今后中国历史的主要变因之一，仍然在于大陆知识阶层的一念之中，那么我们就总还有权想象，在孔老夫子的故乡，中华民族其实就靠这么写着读着，而默默修持着自己的心念，而默默挑战着自身的极限！"惟愿认同此道者日众，则华夏一族虽历经劫难，终不致因我辈而沦为文化小国。

一九九九年六月于京郊溪翁庄

目录

年 表

所指出的文献著作只是本书所提到的那些。
对于不确定的日期,尤其有关传记的日期,给出的只是大致日期。

政治事件

公元前 6 世纪

前 594 年　雅典民主之父梭伦当选执政官
前 561 年　庇西特拉图的僭主政体开始

前 510 年　僭主政体结束
前 508 年　克里斯提尼民主改革开始

公元前 5 世纪

前 490—前 479 年　米堤亚战争:希腊战胜波斯

前 476 年　提洛同盟的创立,由此产生雅典帝国
前 461 年　最高法院的民主改革;伯里克利的作用开始

前 431—前 404 年　伯罗奔尼撒战争(斯巴达及其盟邦反对雅典及其盟邦)

前 429 年　伯里克利去世

前 422 年　克里昂去世

前 415 年　雅典人远征西西里
阿尔西比亚德斯流亡,先后在斯巴达和波斯避难
前 411 年　雅典陷入困境。"四百人会议"寡头政府,被一个混合政府取代;之后恢复民主政体

前 407 年　阿尔西比亚德斯返回雅典

前 404 年　雅典战败,其帝国完结。雅典建立三十僭主统治,很快被武装民主派驱逐

文学作品

诗歌，戏剧	史学
前 525 年　埃斯库罗斯诞生	
前 518 年　底比斯人品达诞生（约前 440 年去世）	
前 495 年　索福克勒斯诞生，卒于前 406 年	前 495 年　希罗多德诞生，卒于前 425 年
前 480 年　欧里庇得斯诞生（？），卒于前 406—前 405 年	
前 472 年　埃斯库罗斯：《波斯人》上演（保留下来的第一部悲剧）	
前 458 年　埃斯库罗斯：《俄瑞斯忒斯》上演	
前 455 年　埃斯库罗斯去世	
约前 455 年　阿里斯托芬诞生，其最后一部喜剧于前 388 年上演	
前 442—前 441 年　索福克勒斯：《安提戈涅》上演	
前 438 年　欧里庇得斯：《阿尔刻提斯》上演（保留下来的欧里庇得斯的最早的悲剧）	
	前 431 年　修昔底德开始撰写《伯罗奔尼撒战争史》（他经历了这场战争；他的叙述中止于前 411 年，但是经历了前 404 年战争的结束）
前 425—前 422 年　阿里斯托芬：《阿卡奈人》、《骑士》、《云》、《马蜂》相继上演	
前 410 年　欧里庇得斯：《腓尼基妇女》上演	
前 408 年　欧里庇得斯：《俄瑞斯忒斯》上演	
前 406—前 45 年　欧里庇得斯与索福克勒斯去世	

政治事件

公元前4世纪	公元前5世纪遗留作品
前403年　雅典恢复民主政体	前401年　索福克勒斯:《俄底浦斯在克罗诺斯》(死后上演)
前399年　苏格拉底去世	前399年　安多西德:《神秘祭论》发表
	前392年　阿里斯托芬:《公民大会妇女》上演
前377年　第二次雅典联盟形成	
前371年　斯巴达在留克特拉战败,底比斯霸权开始	
前359年　马其顿国王腓力掌权	
前346年　雅典与腓力订立菲洛克拉底和约(随后德摩斯梯尼与埃斯基涅斯之间发生使节事件)	
前338年　腓力征服希腊	
前336年　马其顿的腓力去世:亚历山大继位	

文学作品

演说家	思想家与道德家	哲学家

前 403 年　吕西亚斯:《诉埃拉托斯尼辞》(吕西亚斯大致生活在前 440 年到前 360 年)

约前 398 年:柏拉图发表早期的对话录(生于前 427 年)

前 394—前 390 年　色诺芬在与雅典斗争后被放逐:在流亡期间他写了《回忆苏格拉底》的开头与《希腊史》的主要部分(他在其中继承了修昔底德的史学),伊索克拉底至此已经写了一些辩护词,创立了他的学校(他生于前 436 年)

前 380 年　伊索克拉底:《颂词》发表。此时柏拉图处于创作的全盛时期,《理想国》就在这个时期发表

前 367 年　柏拉图第二次游历西西里

前 355—前 354 年　德摩斯梯尼政治生涯开始

约前 355 年　色诺芬去世,享年约 85 岁
伊索克拉底:《最高法院演说辞》

前 349 年　德摩斯梯尼:《奥林图斯辞》

前 347 年　柏拉图去世,《法律篇》

前 342 年　亚里士多德负责亚历山大的教育

前 341 年　德摩斯梯尼:发表《论半岛》,《第三篇反腓力辞》

前 338 年　伊索克拉底去世,享年近百岁

前 335 年　亚里士多德回到雅典办学:由这种教学尤其产生了《修辞》与《政治学》

前 330 年　德摩斯梯尼:《金冠辩》(使之与埃斯基涅斯对立的事件)

前 322 年　德摩斯梯尼和亚里士多德相继去世,两人年纪相同。

前　言

> 我自信，在美国，我想要的超过了美国所拥有的；我探讨了民主本身的形象，以及它的倾向、特征、偏见和激情。我想了解民主，只是为了让我们至少知道希望它应当怎样，或害怕它什么。
>
> ——托克维尔，《论美国的民主》，绪论

民主是一个希腊语词，实际上民主的观念就诞生于希腊。自从公元前6世纪开始，其间除了一些短暂时期，雅典就一直处在这种政体下。演说家们的演说，舞台上上演的喜剧和悲剧，都充满了作家们不断发出的对民主的动人的颂词。但是，另一方面，由于城邦的政治生活紧张激烈，其中的一切又经常受到怀疑和争论。结果从公元前5世纪开始到公元前4世纪末，人们都一直在进行一场旗鼓相当的对话，我们从中可以了解到对民主政体的指责，估量可能存在的纷争。这种对话包含各种形式：戏剧的讽喻，哲学家的分析，历史学家的描述，诉讼当事人或抨击文章的作者的辩论。人们对诸多主题反复阐述，反复考虑和交流，明确表述。于是民主政体的优点和弊端就渐渐确定下来。

由于任何民主政体或多或少都会遇到一些类似的问题，因此所提

出的许多观念都具有现代意义。不可否认，在现代法国，这种现实意义似乎比以往任何时候都明显，它是作者撰写本书的主要理由之一。

因此这本书定位于观念与学说的层次。它将只是很间接地论述事实；有些人只有当用制度做讽喻以论证自己的观点时，才会提及制度。特别是，他们是站在自己的角度看问题。有人事实上可能会用古人不知道的词语来讲述希腊民主问题。特别是如今在我们看来，这些问题无疑受到社会和经济条件的制约。在这里，我们不打算根据对历史的现代解读来重新定义希腊民主的问题，只是力求了解它们在希腊人的意识里是如何定义的。这些问题不涉及历史，而是涉及观念史。

然而，这些观念要这样重新置于它们的智力环境，才会显得更现实。因为经济和社会的条件始终是特定的。而希腊的经验即使在这方面有教育意义，也实在不能在这个领域构成一个可优先考虑的范例。不过，古典时代的雅典人由于力图思考本源形式的政体，评价它的优点、缺陷和责任，确定和阐明它的本质，因此具有导向普遍性的优势。

但是，显然，把一些如今仍具有现实意义的主题抽出来叙述，这种考虑在任何情况下应该都不会影响叙述的客观性。为避免万一，这里我们必须遵循一种规则，即从一系列尽可能完全的证据中追踪这种思考的历史过程，按其年代的发展来讲述每个主题的历史。

这在方法上产生两种后果及两个缺陷，我们希望这两个缺陷不像乍看上去的那样严重。

第一个后果涉及本书的写作计划。因为，为了更好地确定并突显主题的连续性，我们把希腊民主暴露出来的问题分为三个不同的方面——这使得三章的结构显著相似。不过，似乎也不必为此感到遗憾；因为经过三次叙述，这种相似便突出了事件的脉络，使之更加明显。人们倒是可能抱怨，同样的原则导致要重复参照某些重要文献，它们在谈到这三个问题时都会重新出现：因为这三个问题是紧密相连的，而且针对民主政体提出的各种批判最终都是趋同的；因此，最关心政体问题的作家们往往都把这三个问题放在一起研究。但是，每次从不同角度来引用这些重要文献，除了帮助人们发现各种主题的连续性外，还帮助人们看出它们之间存在的、真正的理论家没有轻视的一致性，这也许并无不妥。因此也可能出现这样的情况，即各位作家给予各个问题的地位不同。

所采用的方法的第二个后果是大量引用作家的文献。因为我们认为，由于文献内容准确，引证它们就保证了严谨的客观性。这也是从词语的细节本身来理解相似性和差异性的唯一手段[1]。因此大量引用文献决不是一种取巧，而是出于让文献说话的考虑，抱有这样一种观念，即单单把它们进行比较，就能丰富并确定每篇文献的意义。

最后，为了避免任何误解，应该提醒读者，如果说古典时代的雅典人考虑过对民主政体的指责，那么本书对此也只作部分的分析。事实上人们在这方面只听到一种声音。虽然雅典的文献不断歌颂民主政体的诸多优点，赞扬它所具有的自由、平等、人道主义等鲜明特征，但是本书将不阐述这些主题。这些著名文献仍然让那些相继深信它们的人对人类怀有些许信心。本书之所以没有出现这些主题，决不是出于一种有可能使人们误解它们的意义和影响的选择。恰恰相反，本书写作的前提是，民主政体的这些优点已经深入人心，受到人们赞颂和喜爱。我们赋予它们的价值，甚至就在于它最终能证明，我们有理由要向雅典人了解，以便紧随他们之后发现，哪些实际的争议，哪些曲解，或者哪些分歧，按照他们所说，有可能使这种政体垮台。

1　这些引文除一两句外，通常都引自“法国大学丛书”（*Collection des Universités de France*）。若非如此，将以注释注明。若对译文稍作修改，以便使直接属于本书意图的表述更加明确，我们也将注明。

2006年版序言

下面的文章是在三十年前写作并且是第一次发表的！而且碰巧就在我的另一本关于民主的书,《古代雅典的民主冲动》(*L'élan démocratique dans l'Athènes ancienne*)刚刚在法卢瓦出版社出版之时,它再次问世。这两本书都涉及公元前5世纪的希腊民主和雅典作家;但是其中一本汇集了一些有关民主政体的纷争以及它所引起的异议的证据,另一本则汇集了有关这种政体所具有的优点和促进作用的证据。一本汇集了不利的证据,另一本汇集了有利的证据;而且,在这两种情况下,这些证据都引自公元前5世纪的同一些作家的著作。那么,这岂不是有矛盾？一点没有！

这次重新出版的著作是一本关于观念史的书。本书试图表明,有过各种经历的雅典人,众多作家,他们是怎样发现并表述他们所遇到的疑难问题的。这往往是为了解决这些疑难问题,为了更慎重地提出这种或那种改革;这可能导致一种温和民主政体的理想产生,尽可能避免这些危险;还可能成为一种哲学分析的起点,力求建立一种没有民主政体那些缺陷的体系;于是就有了公元前4世纪柏拉图和亚里士多德提出的那些体系。公元前5世纪人们所遇到的最早的疑难问题就产生了这些不断发展的思想体系。由于这些思想体系是早期民主政体中最早的发明，而且是由古希腊作家以惯用的那种一般形式，采用简单但富有表现力的词语表述的，因此可能对注定要遇到类似问题的任何民主政体都有帮助。

本书关于民主冲动的主题是不同的，目的也不同。本书一点不打算编写民主理想的历史。诚然，本书援引了非常卓越的文献，其中令人振奋地表达了对民主理想的颂扬；但是，本书这样做是出于一种考虑，即是要透过这些文献，并且联系公元前5世纪文化的非凡的飞速发展，分析与公民所获得的这些新的权利有关的心理、智力和道德的作用。问题在于估量这种改革、这种发明的影响。而且我们透过这些证据，寻求这种对自由的探索对当时的全部文化产生的积极有益的影响。

于是，一方面出现了原始推动的奇迹，另一方面也出现了实践中所遇到的困难。

唯一可能让人感到意外的是这两本书出版的顺序。我在写现在出版的这本书时，和其他许多人一样，可以感觉到一些困难，给予公民完全平等和全部权力的民主政体就可能遇到这些困难。因此我觉得古代雅典人对这些困难的经验值得仔细研究，它甚至不仅可能具有智力方面的意义，对我所生活的世界也具有实际的益处。三十年后，我觉得这不是唯一的不利之处；我发现，我周围存在着一种公民责任感危机，社会像一盘散沙，人们有点过于随便地逃避公民责任，不愿积极、实际和深入参与国家事务。同时，由于人们在努力创建欧洲，并且让民主观念在欧洲作为一种首要需求建立起来，因此，追溯这种政体的最初意识，了解它可能在某些价值标准的传播中可以保证的优势，似乎是有益的。但是，显然，原始推动想必开启了一扇思考之门，然后便产生争议。但这不重要，重要的是这两本著作是互相呼应的，而且我重申，它们之间没有一点矛盾，相反倒可以说它们是互相补充的。

首先，这两个方面显然是共存的。两本书都依赖于同一个时代的证据，即使人们在此发现的证据延后到哲学家的批判超过政治家的辩论的时代。甚至在伯里克利时代,或者更前一点的时代,我们都可以在一些作家的著作里找到一些趋向不同且属于不同类别的证据,怎么会感到奇怪呢?修昔底德可能提供了一些事实,让民主政体引以为荣,并且为其价值标准带来赞扬;他也可能提供了一些附带事件,雅典在这些事件中处于本书所指出的纷争和问题的靶心。同样,欧里庇得斯也能很适当地根据不同的时机和人物,为最好的理想高兴,或者为过分的行为和错误生气。人们甚至可能认为,让雅典人为其政体感到自豪的民主热忱,往往促使这些作家更明显地感受到可能出现的,并且危及这种政体的偏离。

况且,这两种倾向共存,难道不是一种伟大理想的最好例证吗?这种理想总是要引起争论,产生一些对立的论点,出现了两种意见,让人们在理解后只选择其一。这就是人们在公民大会和法庭上所做的;这就是诡辩家们所教授的,并且在当时的所有文学作品中留下了印记:人们通过口头辩论来了解它,这些辩论全面涉及人类的重大问题,十分广泛,而且有条理。人们这样听到的辩论不是争吵,而是共同探究,它没有践踏公正,而是促进公正。

最后,怎能认为,这些已经这样习惯于对一切问题都进行辩论和质疑的雅典人,不曾对最佳政体民主政体的优缺点、它获得成功的条件进行过辩论呢?这两本书援引的许多文献其实就是一些辩论,人们就通过这些辩论,把一种政体的优点与另一种政体的优点进行比较,两种论点都得到支持。雅典人甚至常常喜欢对不同政体进行分类,比哲学家在这方面进行的分类早得多。于是对于每个决定,他们之间都要对人人平等还是对各阶层的人考虑周到,自由还是公共秩序,以及按功绩还是不按功绩进行分配的好处进行比较。因此下面这本书中所指出的纷争和问题,就和民主的初始冲动及其在智力上产生的后果联系起来。

我从各方面都乐意认为,这两本书是共存的。这种共存证明,我对公民冲动的复苏的幻想和希望,并不是基于对民主所产生的纷争无知,而是证明,略为系统地阐述这些纷争,决不意味着我没有认识到民主原则本身的光辉意义,从而打消了别人对我的任何猜疑。

最后我还要补充说,这两本书的结论以一种我喜欢的方式相一致。在两种情况下,它们都以教育可能起作用这种观念结束。正是教育可能让人民有效参与国家管理;正是教育可能为人民培养模范人物,价值标准就通过这些模范人物体现,而且正是通过教育,这些与人民的愚昧、偏见和盲目有关的初期困难能够被克服掉。此外,下面这本书还对柏拉图和亚里士多德著作中的教育思想进行了总结。应该以实用的方式在我们的时代实现这种思想。应当教育青年,使他们能够自主判断,理解某些价值标准,和他人融洽相处,并且能让他们人尽其才。

我还可以补充说,这两本书是以希腊的经历为基础写的,尤其引用了大量总是那么明白易懂、简单而富有说服力的文献,因为这些文献就出自开始时期,贴近最初的经历,所以在我们看来可能有一种无可争辩的影响和用处。这些文献不管是赞成的声音,还是反对的声音,其连续性本身就足以表明人们在共同努力思考;另一方面,被能够穿越这么多世纪的观念的重要意义吸引,其中每份文献的光辉都能令我们驻足。雅典的民主,就是我们的现实历史,这些文献就是为如今的我们提供的——对此我们深信,深信的程度可能还有点超出现时的教育所要求的。

引　言

雅典民主政体

要让对希腊人关于民主的思想所作的分析对现代读者来说有意义，不致引起仓促而错误的领会，那么，要人们知道什么是雅典民主政体，它是如何产生的，它有哪些特点，也许不无用处：因为只有清楚了解到事物一些差异性，才能使其基本的相似性具有价值。

雅典民主政体的诞生

首先，既然谈及一种要求在现代世界发挥如此重大作用的政体，既然它是在希腊发明的，那么了解它在那里诞生的方式，就不可能无关紧要。从荷马时代的那些希腊小王国，到公元前5世纪的无可匹敌的民主政体，它们之间是如何发生过渡的？

从制度方面看，或是从这些制度的结果所形成的政治与社会史方面看，人们的感觉是不同的。

在制度方面几乎感觉不到过渡：从君主政体难以觉察地过渡到贵族政体，然后再过渡到民主政体。国王的权力逐渐受到限制。他身旁有了一些行政官员，而且很快就和他平起平坐：在雅典，他们被叫做执政官，而且把国王的头衔加到其中一位的头上。他们的人数渐渐增多，

聘用方式也越来越公开。很快有了三位执政官,最终达到九位。最初
1 是从贵族中选出:据作家们说,他们先是终身当选,后来聘用期为十年,最后从公元前 7 世纪开始,聘用期为一年。接下来,他们是从公民确定的名单中通过抽签当选。公元前 5 世纪初,这份名单上的人数增加了,之后名单本身就由第一轮抽签选出的人组成。同时,执政官职位从一些大家族过渡给最富有的缴纳选举税的人,然后在公元前 5 世纪中叶,理论上又过渡给三个最高阶层,实际上就是过渡给所有公民。五百人会议设立的一个新行政官的职位——十将军委员会成员——继承了当时还由执政官掌握的实际权力。权力就这样从国王手中顺利转移到人民代表手中;在国民大会和议事会中,人民的作用也增加了。通过修改细节,制度温和地发生改变,最终没有任何原始的东西留下来。

制度方面似乎确实是这样,但与政治和社会的现实情况不同。在政治与社会的现实中,人们没有看到顺利演变,只有危机与斗争。人们发现,从公元前 8 世纪起,尤其在公元前 7 世纪,爆发过一场经济与社会的危机,使雅典和其他城邦一起发生巨大变革。小自耕农日益贫困,而大地主却获益;许多小自耕农靠借债度日,最终失去了土地或自由;不过,商业和手工业得到发展,产生了新的社会阶级。于是,几乎在所有城邦,富人与穷人之间,或贵族与平民之间产生对立;由此导致当时还结合在一起的富裕与显贵这两个概念彼此分离[1];在公元前6世纪,泰奥格尼斯是这场危机的不幸的见证人。而且事实是,平民派开始参政时,总是以一些大家族的首领为其领袖,这些大家族执掌这个党派的事业,并从中寻求支持。

这些斗争一般会转变成内战,最终导致短命的僭主统治,它们都是被暴力推翻的。这些危机大体占据了整个公元前 7 世纪和公元前 6 世
2 纪。从公元前 6 世纪起,米利都、麦加拉和萨摩斯建立起平民政体,即

1 亚里士多德提到过一个时代,其间职务就“按尊贵和富裕”来授予,两者没有差别[《雅典政制》(*Constitution d'Athènes*),3,1 和 6]。

一种民主政体。在雅典，首先在公元前 594 年，动乱被执政官梭伦平息：他采取了许多措施，其中就有废除债务奴隶制，并试图维持两个阵营的力量平衡。这没有阻止公元前 561 年庇西特拉图建立僭主统治。但是在公元前 514 年，僭主统治又被推翻，长期捍卫平民事业的阿尔克迈翁家族卷土重来（公元前 7 世纪末，阿尔克迈翁家族与麦加克勒斯联手阻止了库伦的僭主统治；并且强烈反抗庇西特拉图的僭主统治）。公元前 508 年，阿尔克迈翁家族的一员，克里斯提尼结束流亡回国，推行了一系列改革，保证民主政体最终确立下来。

因此，新制度作为梭伦时期开始的运动的后果，正是产生于这两个阵营之间的激烈斗争，在两个世纪的多少有点混乱的冲突中，它们的结构和目的逐渐明确。然后，这些制度便朝着越来越民主的方向演变（例如在伯里克利时期，伯里克利的母亲是阿尔克迈翁家族成员，克里斯提尼的侄女）；但是，除了出现过一些短暂的反复，这种政体不再被人质疑。公元前 5 世纪初跨出了最后一步。民主政体，即平民主权，于是形成了风尚。在整个古典时代，在雅典，除了很少几次短暂的危机外，想必它不再受到争议了。

这就是我们所理解的一种民主政体。而它诞生于斗争和冲突这一事实，在本书要研究的三个问题中，想必会发挥它的作用。因为它说明，“平民”只是一个才进入政治生活不久的非常确定的社会阶级。贵族派对民众的盲目所抱的蔑视态度，自然更尖锐、更刻薄。另一方面，新近发生的斗争还记忆犹新，创伤尚未愈合，最容易引发失序，很难尊重这样一种被一方质疑得如此之久，而对另一方而言非常新颖又非常值得自豪的权力。最后，两个直到当时还彼此冲突的阵营必须在其中共存的这座城邦，它的统一要求人们在党派和国家之间作出往往很艰难的选择。

不过，这些冲突会激起争论，因此使得分析更加深入。 3

在公元前 5 世纪，希腊的城邦一般不再经历君主政体（除了以一种有限的形式出现,如在斯巴达),也不再经历僭主政体。政体只分寡头政体和民主政体两种。但是,几乎在所有城邦,双方的支持者不共戴天。伯罗奔尼撒战争使民主政体的雅典与寡头政体的斯巴达势不两立,由于这两大城邦各拥一个党派,支持者对它寄予希望,这更加深了两种政体的对立。这两座“大”城邦就这样争夺影响,到处挑起两种政体之间的本质的冲突。这些斗争成了对立宣传的时机,并促进人们探索既是实践的又是理论的解决方法。由于民主政体成为更激烈的斗争和更猛烈的辩论的焦点,因而引起人们更细致的思考——受到更多的辩护,遭到更多的抨击,它的问题也暴露得更多。所以,在后面将要讨论的三个主题中,伯罗奔尼撒战争标志着一场危机,由于经历过一次考验,将会由此产生充实的、更新的思考。

人们若想理解希腊民主政体的这些问题所具有的尖锐的和本源的方面,就必须牢记这些特征。不过,这些特征并不使这种民主政体有别于现代的民主政体,它们就是这种曾经备受争议的政体的本质本身。

一种直接的民主政体

无可争辩,这种政体是一种民主政体。但是这种民主和现代民主又不一样。从某些方面看,它是一种很不广泛的民主,而从另一些方面看,它又是非常激进的民主。

雅典的民主没有我们的民主广泛,因为当家作主的“人民”指的并不是国家的全体居民。

古希腊一直存在奴隶;他们不是公民;他们不算公民。即使他们在雅典受到的待遇不错,但是把他们排斥在公民之外,决不会被认为是令
4 人反感的行为。可是当时雅典的奴隶人数至少和自由民一样多。

另一方面,除了在阿里斯托芬的喜剧里,妇女也不算自由民,侨居雅典的外国人也不是自由民。

而雅典男子只要到了十八岁法定年龄，就成了自由民。

不过这方面有过一些争议；而且在不同时期，由两个对立阵营提出的两个限制条件起了作用。

第一个限制条件是民主派提出的，关系到出身。公民身份因为不受严格控制，使人们获得太多的权力、显职，往往还能获得物质利益。在公元前 451 年之前，只要生父是公民，儿子就是公民。获得物质利益与伯里克利的国家社会主义有关，而且与从事某些公民活动所得的报酬有关，这导致了一部苛刻的法律出台，要求未来公民的双亲都是雅典人。

第二个限制条件从来没有真正生效过，但是受到智者和政治生活的关注：它多少有点寡头政治改革的企图，一直主张依据一些纳税选举制准则来减少公民团体的人数。塞拉门尼斯提出，能自费拥有武装的地主才是公民——这大约有五千人。寡头分子克里蒂亚斯打算把这个身份授予三千名有特权的人。相反，色拉西布洛斯在结束克里蒂亚斯的统治并恢复民主制度之时，想把公民权扩大到所有曾在民主阵营中战斗过的人，甚至奴隶也可以获得，但是这个愿望没有实现。

在某些情况下，雅典可以授予公民权。但很少使用这个手段，而且只考虑外国人。在这方面，也有两种对立的倾向：温和民主的支持者（例如伊索克拉底）一直抱怨在这方面极端自由主义盛行。

雅典民主特有的这些争论尤其有一种好处，能提醒人们注意与公民定义相关的重要意义。在这种定义中，这些不得罪任何人的排斥，肯定比使当时的舆论反应非常强烈的那些排斥更有特点。 5

不过，这样定义的公民——而这两件事是相关的——享有在现代世界甚至再也无法想象的权利。

因为它涉及一种直接的民主政体。在这方面，幅员狭小的城邦可以做到幅员辽阔的现代国家无法做到的事情。人们只是在由许多城邦组成的联邦和邦联中找到古希腊一种代表制度的胚芽：这些城邦各派一些代表在一起举行会议。这种制度在以前规模不大的德尔斐近邻同盟中存在很久，后来也存在于在一个拥有霸权的城邦周围形成的同盟中。但是，在紧密联合、共同生存的小型城市联邦中，它尤其拥有制度的实际性——例如在彼奥提亚同盟中。像雅典这样的民主城邦从未真正存在过这种制度。

公民大会（ekklèsia）其实就是所有享有政治权利的公民的集会；人人都可以在会上发言。然而，尽管决议是由议事会（boulè）作出的，但真正的决策机关还是公民大会。它决定发动战争与订立和约，任命驻外使节，决定征伐行动及其兵力动员；它对行政官的管理活动进行考察，只有它才有权颁布法令和批准法律；它审理政治范畴中涉及或者似乎涉及国家安全的诉讼案件，并且只有它能够授予公民权。唯一的条件是，关于人的身份的表决只可通过全体大会发起，即召集至少六千人的大会。然而，这个明显特殊的数字足以让人看出这种政体与其他各种代表制度之间的巨大差异。一般情况下，常规大会有两三千人参加，每年举行十到四十次。为了防止人们丧失热情，并且让劳动者，尤其是让农民能参加大会，在公元前 4 世纪初还设立了会议津贴（misthos ekklesiatikos）。

人民还以另一种形式行使司法职责。审判法庭直接由所有 30 岁
6 以上的公民组成。事实上，在公元前 5 世纪，人数固定在六千人（每个部落六百人）；每年根据各区拟定的名单通过抽签选出。这六千名审判员分成审判组，各部落参与的人数相等。审判组的规模根据要审理的案件来定；曾经有由 201 位审判员组成的法庭，也有由 501 位审判员组成的法庭；某些情况下可以增加到两千五百人，甚至更多。经过预审后，这种平民法庭不包括职业法官，也不包括律师，显然与任何现代制度不同；它要求更直接、更有效的平民主权。

最后，在有限公民大会或行政官职位起作用的地方，这些都是向群众开放的。在常规的民主政体中，形成大会决议并监督执行的议事会，由从区镇中通过抽签选出的五百人组成，任职一年；任何 30 岁以上的

公民都能获得这些职权。同样，大多数行政官也是每年通过抽签选出（如果涉及军事或财政职权，那么有些人任职四年，某些人总会当选）；在这里，所有公民几乎毫无例外都能获得这些职权。而且，要保证轮流任职，再次当选和兼任往往会被禁止：因此现代的“高级官员”的观念是受到排斥的。最后，集体负责制和把正规账目交给人民审核这种双重原则，还能削弱行政官对人民这个最高团体可能造成的不利影响。

是人民实施统治，而不是简单地推举官员来负责统治。

这使得民主引起的问题更加严重：可能使思想更加混乱，党派偏见更加盛行；不管怎样，民众的盲目更明显，后果也更严重。但是，比起其他民主政体，这种民主政体也更能防止形成唯一一个熟悉管理和只积极关心眼前利益和私人利益的政治阶级[2]。 7

这种民主政体特有的问题

这种根本的差异使这两种民主政体分别产生特有的问题。特别是，让全体公民同等地直接参与行使最高权力的需要，导致雅典人采取其他民主政体不关心的一系列措施。在我们看来，这些措施的存在甚至表现出雅典对民主政体的要求所具有的紧迫特征。

政治生活的环境

其中第一个措施在古典时代几乎不引起争议，因为从克里斯提尼时代起，这个问题就基本上已经解决；但它在雅典民主政体的制度中占有重要地位。它的某些特征让人想到现代用来确定区划的措施。

确实，人们在提到雅典制度的任何部分时，不能不说到部落和区镇：那时的政治生活，因为局限于一个小城邦，同样也以地方生活为基

2　这就是在 M.Finley 的小书《古代与现代民主》（*Democracy ancient and modern*，伦敦，1973，第 34—36 页）中阐明的一种观念。

础——这种地方很广，我们称之为地区——候选人就从这个层面上产生。雅典人最重视的平等原则要求这些地区，也就是区划，本身是平等的。起初，名额分摊原则是家族性的：家族（genè）按大氏族（即兄弟关系）组成，再由这些氏族组成部落，无疑原则上也同属一个种族。这种组织结构从整体上有利于贵族的势力，也促进了领地的不均等。

克里斯提尼改变了这一切。他采用了一种明确的等级制，以按地理位置分摊名额为基础，通过一种简明的算法控制。这样就确立了一种不再有任何种族归属的划分，却避免了通常与任何地理划分有关的
8 弊病。阿提卡曾经分成“区镇”[3]；这是一些小的领地中心，各自具有其市镇生活和地方管理机构——拥有自己的行政官、公民大会、法令。政治活动在很小范围内在相识的人之间进行。这些区镇就类似于现代市镇。而阿提卡还分为十个“部落”，国家职权就在其中分配，或是通过分享，或是通过轮流，但始终遵照一种绝对平等的原则。通过一种十分巧妙的组织机构，各个部落拥有实体土地，但并不因此就构成地理的统一体：所有实体都含有三个组成部分，一部分从城市获得，一部分从沿海获得，最后一部分从内地获得。因此，这十个部落不仅在权利上平等，在组织结构上也平等。如果区镇提供了一种地方政治的好榜样，那么，部落由于毕竟只是一些没有自己的传统或利益的管理机构，就避免了受地方压力的危险，不论这压力是个人的，还是集体的[4]；而区域群体之间旧的对立从此难以存在。用一本关于克里斯提尼的杰出著作中的话说，这里于是存在“一种对所谓的公民空间进行的深刻改变”[5]。这种措施将仍旧是雅典民主政体的基础，而且不再受到质疑。

---

3 希罗多德（第五卷，第 69 页）说有 100 个区镇；不过不排除这是简化的说法。

4 柏拉图想必在《法律篇》中保留了这个原则，甚至分配土地的方法就是把它分成若干块，其中一块若临近城镇，另一块就远离城镇：“在刚才说到的这些分成两半的土地中，还应该做到优劣搭配，利用面积的差异来达到平等”（745，d）。

5 P.Lévêque 与 P.Vidal-Naquet，《雅典人克里斯提尼》（*Clisthène l'Athénien*），巴黎，1964，第 13 页。

另外两种用来保障平等的措施招致了更多争议：这就是抽签和向从事政治活动的人支付津贴。

选举还是抽签？

在我们看来，抽签方法可能不可思议，因为它似乎排斥任何能力的观念。其实，最初它大概具有宗教性质：抽签就是相信神的选择。人们在《伊利亚特》和许多神话中见到过抽签方法的使用，或是为了一场战斗，或是为了分割遗产：所以这种做法在民主政体出现之前就有了；而 9
且还不时能在一些寡头政治的群体中见到。但是柏拉图本人强烈反对把这种方法用于政治，只把它用于某些宗教职位，因此恢复了它的被忽略很久的宗教意义。他在《法律篇》中写道："对于圣职，人们通过抽签来让神表明他的偏爱，抽签就等于信赖命运之神。"[6] 他在要求他的未来城邦的居民严格保持命运分配给他们的土地完整时，也提到了这个原则："你们不要把作出这种分配[7] 的命运之神当作同盟者，也不要把立法者当作同盟者。"

如亚里士多德所说，抽签被用于民主制度，是在梭伦之后，或者更可能是克里斯提尼之后的事，它无疑出于一种完全不同的本意[8]。这个原则似乎有着双重作用：一是限制任何选举可能产生的阴谋和幕后操纵行为，二是像禁止大部分行政官再次当选那样，力求防止一些个人权力过度发展。人们宁愿采取抽签的方法，让人民更广泛地分享最高权力：管理国家的是公民自己，而不是有能力的官员。

不过，也有各种补救措施来缓解如此盲目的分享权力带来的弊害。

---

6 759, b。

7 741, b。这段话有争议，但是涉及这种思想的意思是相同的。另有一篇可能适用的文献表明："不要把分配土地的人和神当作同盟者。"

8 关于它的组织，人们可以参考 J.W.Headlam 的著作《雅典的抽签选举》(*Election by lot Athens*), D. C. Macgregor 复校和修订版，剑桥，1933。

首先,这种方法从不用于两类看来最需要才能的职务:即涉及财政和战争的职务;而且十将军就是在公民大会之外选举出来的,实际上他们才是真正的统治者[9]。至于其他职权,在抽签选举之后还要加以严格控制,方法就是任职前经受考察,考察候任的行政官的资格和公民责任感,还
10 必须举行宣誓仪式。此外,行政官职位通常是集体负责制的,这减低了可能犯的错误的严重程度。

最后,抽签可能与选举结合起来进行。在民主制度的开端就已经这样了。当时抽签在部落进行,然后在区镇候选人之间进行。大约在公元前 5 世纪中叶,最初地方官员的任命也通过抽签来实行。许多人对此深深怀念;而且支持恢复温和民主政体的人所主张的改革之一,就是重新采取选举与抽签结合的制度,抽签在已选出的候选人之间进行(klèrôsis ek prokritôn)。伊索克拉底在《最高法院演说辞》(*L'Aéropagitique*)中就是这样要求回到"祖先的民主政体",并且捍卫把"属于每个人的东西"给予每个人这种平等,从而提醒人们,全靠这种民主政体,昔日的雅典人"不是通过抽签在全体人民中选举行政官,而是通过预先投票[10]来指派最诚实、最胜任的人来处理国家事务的各项工作"。

但是,抽签原则,不管人们可能想为它提供什么保证,就像这样成了雅典民主政体的一个基本特征,而且一直用来定义它的精神。

流传至今的最早对政体的分类是希罗多德的分类,他就把它说成

9 德摩斯梯尼文集中的演说《诉蒂莫克拉底辞》(*Contre Timocrate*)似乎就把那些只在区镇中行使职权的人与抽签选出的行政官说成是无经验的穷鬼(§112)。

10 §22。此处的译文与 G. Mathieu 的译文相比稍有改动:pro-krinein 意思可能是"优先选择"或"预先选择";prokritoi 这个说法的正式特性,在我们看来强加了第二种意义,但更符合伊索克拉底所表述的改革愿望中表现出来的审慎。相反,在由亚里士多德提供文本,并且由公元前411年的温和民主派制订的"未来宪法"(constitution pour l'avenir)中,文本说,其中列举出的整个一系列行政官,将从"预先挑选的人中选出":因此双重选举替代了双重抽签。

民主政体的特征；而在希罗多德的著作中，波斯人欧塔涅斯指出这种政体比君主政体优越，他宣称，在人民统治下，这种政体“行事不像君主：人们靠运气［palô(i)］获得职位，了解所行使的职权，所有决议都要服从公众”。[11] 11

公元前4世纪，柏拉图也在《理想国》（*La République*）第三卷[12]中写道：“依我之见，当穷人战胜他们的敌人，杀掉一些人，驱逐另一些人，而且和另一些人共同管理政府和分享职位：那么官职往往就靠抽签来分配”（apo klèrôn）。

同样，亚里士多德在《修辞学》（*La Rhétorique*）中，在对各种政体进行分类时写道：“在民主政体中，人们靠运气分配职位。”[13]他在《政治学》（*La Politique*）中再次写道：“抽签被认为是民主政体的，选举被认为是寡头政体的。”最后，在分析作为民主政体基础的原则时，他没有忘记把这种习俗包括进去：“对所有职位，或者至少对所有那些不需要实践经验或技术知识的职位，就通过抽签来分配。”

问题也随之产生。捍卫民主政体的人若希望只保留最宽泛和最温和的原则，就会避免提到抽签方法：欧里庇得斯在《请愿的妇女》（*Les Suppliantes*）中没有提到它，修昔底德在为伯里克利写的葬礼致辞中，也没有间接提及它。但是，反对这种政体的人必定会批评这种习俗：人们反对苏格拉底的理由之一，就是他怀疑这种习俗；色诺芬在《回忆录》（*Les Mémorables*）中写道：“指控他的人说，凭宙斯起誓，苏格拉底煽动弟子藐视现行法则：他说用蚕豆来挑选城邦的执政者[14]是件荒唐事，因

---

11 希罗多德，Ⅲ，80。

12 557 a。

13 《修辞学》的这一段在Ⅰ，8，1365 b，后面紧接着引用的《政治学》的那些段，在Ⅳ，1294 b和Ⅵ，1317 b。在所有文本中这个希腊词是klèros或klèros的派生词。

14 抽签用黑白蚕豆进行［参见普鲁塔克《伯里克利传》（*Périclès*），27］；而且古典作家们经常说到“靠蚕豆挑选的”官员和议员［参见希罗多德Ⅵ，109；修昔底德《伯罗奔尼撒战争史》，Ⅷ，66，1；阿里斯托芬，《鸟》（*Oiseaux*），1022；亚里士多德，《雅典政制》，32.1，等等］。此处引文引自Ⅰ，2，9。

为没有人会同意雇用靠抽签挑选出来的舵手、建筑师或笛子演奏者，也不靠抽签选择人去从事某些职业，而在那些职业中，因过失而产生的后果，都没有参与国家事务所犯过失的后果严重。”

这就是柏拉图的处于萌芽状态的整个态度，它就在于把政治建立
12 在一种技艺和一种适当素养的基础上[15]。毫不奇怪，反对这种政体的人的各种企图都是从废除当时风行的抽签法开始的。公元前 411 年和公元前 404 年在雅典建立的两次短暂的寡头政体就是这种情况。公元前 411 年提出的“未来”政制，对于重要官员的职位，就采取了从由现任议员中推出的候选人名单中选举的方法。公元前 411 年的“真实”政制提到一个由四百位议员组成的议事会，议员通过预选选出来，然后就由这个议事会来任命行政官。至于公元前 404 年的寡头政体，选举方法更激进，因为如人们所称的“三十僭主”，就自行从由最高社会阶层的公民所确定的候选人中挑选议事会成员和行政官[16]。

这些尝试都是短暂的，人们很快又恢复惯常的政体。结果是，公元前 4 世纪的渐渐适应现存政体的政治家们在这个方面表现都非常谨慎。伊索克拉底不愿被人看作是支持寡头政体的，他甚至于玩花招，提出抽签可能对寡头统治者十分有利。而当人们看到他像所有时期的宣传者一样，为了支持他的论点，这样借用所谓民主的论据，人们就会觉得可笑。在上面援引的《最高法院演说辞》的这段，他就建议进行预先选举，他是这样说明的：“他们认为这种制度比抽签制度更民主：因为在抽签法中，偶然性是主宰；而行政官职位常常有可能落到寡头分子手中[17]；通

15 参见下文，第 58—65 页。

16 所有这些措施，尤其是公元前 411 年的各种政制，在细节上和历史解释上提出了无数问题。为简化起见，我们在此援引了亚里士多德的《雅典政制》（30，2；31，1；35，1），无须进行任何讨论：在任何情况下，这些文献足以让人了解到一般趋势。

17 对所选定的候选人进行考查至少要求在这方面进行一定的核实：吕西亚斯的演说充分证明了这一点 [此外参见他的《为曼提色奥斯辩护辞》（*Pour Mantithéos*），9]。此处一段引自 §23。

过指派最合适的人，人民可以自由挑选最热爱既定政制的人。” 13

这个建议表明，为什么在我们看来如此有争议，并且已激起政治学的理论家们反感的抽签制度，更多的是原则性抨击的对象，而不是实际辩论的对象，在这种辩论中，有人可能真想废除它：这样会扼杀民主精神，而且是徒劳无功的轻率之举。

公共职业的津贴

另一种制度也是如此，它不太古老，对于民主政体也不太重要，但是在这里，它的公认目的也是让平等更完全，这就是付给履行公共职责的人津贴（misthoi）。

通常情况下是没有这种津贴的，甚至对耗费履职者所有时间的最高职位而言也如此。虽说从公元前5世纪起，执政官能得到津贴，但十将军还是分文不得。

这种当官无报酬的情况在一定程度上说明，长期以来这些官职可能先是由贵族，然后随着时代发展由富人来履行。阿里斯托芬的喜剧《骑士》（*Les Cavaliers*）中有一段有趣的台词，甚至就表现了在伯里克利死后，富人获得最高职位所引起的小丑闻。伯里克利属于阿尔克迈翁家族；后来突然冒出欧克拉底、吕西克列斯、海柏波拉斯这些名字，他们都是商人。吕西克列斯是个羊贩子，在阿斯帕西娅的床上继承了伯里克利；而有钱的皮革商人克里昂又继承他来领导民主派。

对于要求闲暇时间较少和才能较弱的较卑微的政治职业，情况并非这样。不过，很快，许多收入很少的雅典人显然觉得，很难做到放弃私人的工作去整天操持公共事务。

议事会成员几乎总是那些人，长期以来他们就像参加战斗的士兵，获得一份菲薄的津贴。伯里克利推广了这种做法，规定对贡献给国家的时间给付补偿金，并为陪审员设立了一份日薪（misthos dikastikos）。

这份薪水微不足道：在伯里克利统治时期是两奥波尔[18]，在克里昂统治时期，三奥波尔，在亚里士多德的时代，五奥波尔，和士兵的每日最低生
14 活费差不多。然而，尽管这样少，贫苦阶层还是觉得有很强的吸引力；阿里斯托芬的《马蜂》（*Les Guêpes*）中就有一个老头为有这份薪水而感到高兴：“最让人高兴的事，我把它忘了：当我带着薪资回到家的时候，一家人都因了这笔钱迎接我。女儿帮我洗刷，洒香水，还弯腰亲我的嘴，她一边喊我亲爹，一边就用舌头从我嘴里把这个三奥波尔的小银币勾走了。我的小老婆子就端出松软的煎饼来哄我……[19]”人们设想，这种做法可能增强人们对诉讼案件的热情，还可能加强民众领袖对接受这些小恩小惠的人的影响。

伯里克利还没有做到设立公民大会的出席号筹：因为这些大会本身就是人民主权的表现，而且也不要求非参加不可，所以没有理由要采取这种措施。可是在公元前4世纪初，随着雅典的战败爆发了经济危机，此时由于误认为产生了一种疏远民主政体的危险情绪，这种政体便不得不主动采取这种措施。misthos ekklesisatikos 这种新的津贴因此也不得不迅速提高：先是一奥波尔，然后是二奥波尔、三奥波尔[20]，后又是一德拉克马（六奥波尔），到了亚里士多德的时代，甚至有一个半德拉克马。

很快，像抽签法一样，津贴也成了民主政体的一个特征。亚里士多德定义这种政体的特征时，在《政治学》中作为第九条规则指出：“最好为所有职务，出席公民大会的人、法庭陪审员、行政官，支付津贴，或者至少为行政官职、法庭、议事会和公民大会的主要会议支付津贴，或者

18 oboles，古希腊小银币。——译注

19《马蜂》，605及以下。

20 在公元前392年上演的阿里斯托芬的《公民大会妇女》（*L'Assemblée des femmes*）中，人们看到妇女们蜂拥而至，因为要是迟到，就得不到三奥波尔的银币（292）。关于这种措施及其历史，参见亚里士多德《雅典政制》，41，3和62，2。

为必须在公共食堂就餐的行政官支付津贴。”亚里士多德还明确指出，支付出席公民大会的人一笔可观的薪水，能够促使公民大会去审理所提交的全部事务，从而削弱议事会的作用，使政体更加民主[21]。 15

这种做法激起许多人反感。在刚刚规定支付公民大会津贴几年后，阿里斯托芬的《公民大会妇女》的合唱队就悲叹公民责任感衰退了，津贴就是其效应和征兆：“而当勇敢的米罗尼德斯[22]当政时，情况就不是这样；没有人那么不要脸，为了钱来管理国家大事。每个人来开会时，都背着一只羊皮口袋，装了酒罐、面包和洋葱头，外加三颗橄榄！现在不一样了，人们来操持公共事务，就为着要得到三个奥波尔……”

反对整个民主政体的人必然要抹黑支配这种制度的意图及其令人讨厌的后果。例如亚里士多德在《雅典政制》中宣传有利于温和民主政体的传统的一段文字这样写道：“又是伯里克利第一个支付法庭上法官们津贴，以此来和客蒙的财富争民心……”“据某些人指责，就是从这时候起，一切都变得更糟了，因为普通人比上流社会有教养的人更热中于靠抽签来任职。也正是在此之后，开始发生贿赂法官的行为……”[23]普鲁塔克也作过同样的分析。[24]

同样，寡头派在暂时掌权之时，首先操心的事，就是像废除抽签任职方法一样废除津贴制，这并不令人奇怪。公元前 411 年，这项措施似乎当即就被采取。修昔底德这样写道：“人们提议终止现存秩序的所有行政官的权力，提议废除津贴……”[25]而亚里士多德引用的一段决议案文

21《政治学》，卷六，1317 b；而在卷四就已提到，参见 1299 b：“当财政收入充裕，可以支付给出席公民大会的人薪水时，通常就发生这种情况；由于有闲暇，他们能经常参加会议，而且由他们自己来做决定。”

22 公元前 5 世纪中叶功勋卓著的将军（因此约在《公民大会妇女》问世前 50 年）。本段引自该剧的 303—210 句。

23《雅典政制》，23，4 和 5。亚里士多德举了很后才发生的阿尼图斯案件为例。贿赂与津贴显然只有间接关系。

24《伯里克利传》，9，3。

25 修昔底德，Ⅷ，67，3。

16 字表明："在战争时期，所有履行官职的人都无津贴，只有当职的九位执政官和主席每位可获得三奥波尔。"[26] 甚至在寡头政体被推翻后建立的温和政体，起初也维持这种措施：亚里士多德和修昔底德都指出了这一点，两人都称赞这种政体明智[27]。

但是情况很快就恢复到旧时的状态，津贴制不再受到质疑。柏拉图本人在其《理想国》中，首先以一种十分杰出的表达方式，提到支付给某些公共职务的津贴，他不是要指责它，而是要从中得到证据，证明履行这些职务不是为了官员的利益："你没有注意到，没人同意任公职是为了消遣，而是要求得到一份薪水吗？因为人们不打算为自己的个人利益服务，而是为受管理者的利益服务。"[28] 这意思不是说他同意这样的原则。在他的理想政体中，城邦的卫兵本人一无所有，并且享受不到任何利益：他们"只挣到他们的给养，不像别的官员那样另外还有薪水，因此他们甚至不能出国度假，不能玩妓女，不能像所谓幸福之人所做的那样，一时心血来潮花钱进行别的娱乐活动"[29]；至于哲学家，他们显然只出于义务掌权，而且在他们看来，任何权力跟哲学的乐趣相比都不重要，他们是出于对正义的热爱才会放弃这些乐趣。柏拉图确实不赞同津贴制；但也没有实际批判津贴制，伊索克拉底也没有：在公元前 4 世纪，津贴制成了民主制度的组成部分。

因此人们发现，津贴制就像抽签制一样，只是非常间接地与雅典的思想有关：作家们并不是抨击或捍卫他们的民主政体特有的某种制度，而是抨击或捍卫民主政体的平等原则本身，捍卫它的优点，抨击它的
17 弊端。

26《雅典政制》，29，5。"未来"宪法明确指出对议事会成员而言情况同样："担任一年议员职务，无任何津贴……"（出处同上，30，2）

27《雅典政制》，33，1 和 2；修昔底德，Ⅷ，97，1—2。

28《理想国》，Ⅰ，345 e；Ⅱ，357 d。

29《理想国》，420 a。

这是因为希腊人具有从最普遍的角度考虑事物的秉性吗？是因为在他们的民主政体的体系中，人们不能孤立地看待一项制度，而不质疑它所对应的原则？尽管如此，对雅典民主政体所具有的特性进行的研究，直接引向对所有类似政体来说都重要的普遍性问题。只有这些问题曾经引起过当时的作家们注意。如今也只有这些问题能引起我们注意。 18

第一章
民众的盲目

人群越大，其心越盲目。

——品达，《尼米亚》，Ⅶ，24

人人以平等的声音来参与国家管理，这看起来可能是公正的，但似乎也是危险的，因为人的能力并不相同。简单地说，这就是任何民主政体都会陷入的一种两难境地。对雅典而言，这个问题更加迫切，因为在这里平民主权的观念更新颖，而且归属于平民的职务更广泛。

人们也发现，几乎立即就有人提出批评，到公元前 5 世纪，批评越来越尖锐。批评是从理论方面开始的，包含人民无知这种观念，并且随着经验表明人民有强烈的冲动情绪，这种批评越来越严厉。到公元前 5 世纪末，问题最终全面暴露出来；于是要求哲学家来解答。

一、弊端的暴露

人们理解，贵族对刚刚行使政治职责的平民是十分蔑视的，因为后者既无传统又没有受过教育。这从他们用来表达这种蔑视的词语可以

看出来。他们大言不惭，自称“最优秀”、“高贵”、“正派”[1]，却把平民看作“坏人”。 19

公元前 6 世纪，当泰奥格尼斯抱怨“坏人”掌了权时，这种称呼还合乎道义，因为他指的是为了个人利益来收买平民的有野心的富人[2]。但是这种观念也意味着，只有跟世袭结合起来的贵族教育，才可以避免这些缺点。赫拉克利特的著作也表露出了对群众的蔑视[3]。

无知和无能

对民众的这种蔑视很快就产生民众无知的观念。在希腊语中，这名词本身的意思既是愚蠢和缺乏判断力，又是狭义的无知。按照普鲁塔克在《梭伦传》（*La Vie de Solon*）中所说，阿那卡西斯就已经对权力落入平民手中感到吃惊，并且对“在希腊人那里，虽然是能干的人发表意见，但作决定的却是无知的人”（*amatheis*）[4]感到奇怪。阿那卡西斯说没说过这样的话值得怀疑，但是这句话清晰地表达了一种异见，雅典的智者几乎从未停止对这种异见的关注。

在公元前 5 世纪，在贵族对平民的批评意见中，这种平民“无知”的论调占据了很重要的位置。有一篇题为《雅典人的政制》（*Constitution des Atheniens*）的小论著，有支持寡头政体的倾向，曾被错误地认为是色诺芬写的，其作者就抨击这些“坏人”，暗示平民由于没有受到贵族教育，实在表现不出任何美德。他把平民叫做“贱民”，也就是“毫无价值的人”。他甚至宣称：“平民中存在严重的愚蠢或无知（这个词是

1　此外正式的词是 χαλοί χάγθοί，其原本的涵义是：“高尚卓越之士”；我们知道，在荷马的作品中，一切功绩归英雄。

2　参见第 34 页注 43 及以下：城市如果“把暴力当作法则，坏人就收买人民，并且制定不公正的法律，以便他们自己能从中攫取利益和权力，别指望这种城市能长治久安”。

3　断片 29 和 104 DK。第二个断片似乎援引了毕阿斯的话。

4《梭伦传》，5，6。

amathia)、无纪律和歹毒"[5],说这是明摆着的事。他认为贫穷是这种现象产生的原因:"因为贫穷,他们就比别人更容易干出可耻的勾当,而且
20 对一些人而言,缺乏教育和愚蠢(即'无知'),就是生活拮据造成的。"他得出结论,把发言权和决策权交给所有人不太合适,这种角色应该属于最精明和最优秀的人[6]。

这种态度表明了教育的重要性:教育还是跟贵族传统有关,在贵族传统之外,几乎不存在教育。这种批评的幼稚也表明,民主政体的做法还显得非常新颖,在许多人看来非常奇怪。当像现代这些老牌民主政体还始终哪怕是假装在倚仗平民及其优点时,这些词语却表明,在公元前 5 世纪的雅典,平民主权也是和许多习俗相抵触的。

如果不仅涉及简单的出席公民大会,还涉及获得最高职务,讽刺就更尖刻。甚至在公元前 5 世纪末,这些最高职务被授予一些非贵族出身的公民,曾引起一定的轰动。而讥讽民主政体的国民,揭露他们的无知和无礼,好像这些缺点是与生俱来的,这并不是藐视民主政体。阿里斯托芬就曾靠夸张地描绘这个制度来逗平民观众笑:为了抨击继承伯里克利执政的皮革商人克里昂的粗鄙,他设想人们找一个可能更差的人来继承他:在《骑士》中,一个卖腊肠的贩子就被选中。此人很吃惊:"你跟我说说,我一个腊肠贩子怎么就变成了一个'大人物'呢!——你瞧,正因为你是个腊肠贩子,你才能变得很伟大呀:因为你就是一个无赖(*ponèros*),一个流氓,一个脸皮厚的人。——我想我还是不配掌大权。——呦,谁能说你不配呀?我看你好像还有点问心有愧嘛……心眼儿还好。你出身大户人家吗?——不是,对天发誓,我就是下贱人家的!——幸运儿呀!你多么走运哦!你干这些事多么有天分啊!——可是,朋友哎,我可没受过什么教育啊,我识字,可是说真的,识得很少,很糟糕。——你唯一的缺点就是识字了,哪怕是"很少很糟糕"的识字。

5 《雅典人的政制》, I ,5。

6 这论断在于表明,这种态度无疑是合理的,但是对民主派而言却不太合乎逻辑。

领导民众不要有教养的正人君子，就要无知的人，一个无赖。”[7] 21

最公正的人不至于像喜剧或抨击文章那样轻蔑，他们想必都看出，这里对民主政体的原则提出了一种严肃的反对意见：在关于不同政体各自的品质的最公正的辩论中，民众无能是一种主要的论据。人们先后在希罗多德和欧里庇得斯的分析中注意到这个论据，不过观念所采取的形式有点不同。希罗多德在关于各种政体的著名辩论中提出了这个论据，这些政体只限于大流士和其他古波斯谋反者在成事后不久所推行的政体[8]。公元前6世纪的波斯人展开的这场辩论，表现得就像诡辩家们所作的一场分析，其中逐个阐明了君主制、寡头制和民主制这三种主要政体的优缺点：这种表达方式无疑产生了部分年代错误，但是使文献对于公元前5世纪雅典的争论和指责民主政体的方式更能说明问题。第一位雄辩家欧塔涅斯赞扬它：他认为由于它防止了专制和暴力，比独自一人掌握权力强。第二位雄辩家美伽比佐斯反驳说，民主政体算不上最好的政体。他用许多无能的人的暴力来比照一个僭主的专制。他还说，“为了逃避一个僭主的专制，却落入放纵无度的贱民的专制，这实在是绝对无法容忍的事。前者如果做了什么事，还知道其中的缘由，而后者甚至就是稀里糊涂做的。因为贱民没有受过教育，自己什么也不知道，不动脑筋就插手事务，把事情弄得乱七八糟，像一条湍急的河，他们怎么会知道来龙去脉呢”。

在这里，这种批评意见并不是出于恶意。不过它基本上和寡头派所说的平民没有“受过教育”（动词是 *didaskein*）的言论如出一辙。

欧里庇得斯反复强调的就是这一点。他不只是在某个孤立的断片
中顺便说到，如在《安提俄珀》（*Antiope*）的断片中，宣称无知是民众的 22
非常严重的缺点[9]：从其他重要文献中也能发现这种观念，如他在伯里克

7《骑士》，178—193。

8 Ⅲ，80 及以下。

9 断片 200N。

利去世几年后写的《请愿的妇女》中的辩论。其中的分析和希罗多德的分析一样公正，而且也是理论的；在这里，正题和反题也旗鼓相当；这里的思想甚至更能说明问题，因为平等占主导的平民主权的原则由忒修斯来辩护，他在剧中是雅典的宽容和德行的化身，而赞成君主制的论题由底比斯使者来辩护，他受一位僭主派遣，捍卫一种邪恶的事业：虽说态度不偏不倚，但从上下文看出民主政体是优越的。然而很奇怪，使者用来反对民主政体的理由和在希罗多德的辩论中美伽比佐斯所用的理由是相似的。他说得更确切，在民众方面，他把他们缺乏教育与缺乏空闲时间联系起来。据使者说，民主政体的危险就来自谋私利的、擅长讨好迎合听众的演说家从中攫取的权力，他还补充说："况且，群众自己不能说清道理，怎么能带领城邦走正路呢？我们要学习，但这急不得，需要时间。而一个家境贫寒的农夫，即便他能受到教育，也实在没有空闲来操持公共事务。"[10]

因此这种反对意见是明确的，众所周知的，冠冕堂皇的。

平民聚集的危险

这样说平民无能，就已经是一种严肃的反对意见。但是还要加上两个特征，它们有点像是无能所产生的后果——即平民不能主动进行政治方面的思考，他们受情感驱动，而这种情感又总是不受控制，而且常常是狂热的。

修昔底德曾经阐明这种非理性特性的一个方面。这种特性是雅典
23 民主政体特有的，在这种政体中，不是在一些很难得的时机投一张表决票，对选举或全民公决进行表决，而是举行大规模集会。那时发生了一种现象，突显我们所称的群体心理：公元前 5 世纪的希腊人不是不知道

10 《请愿的妇女》，417—422。"法国大学丛书"译本，这里稍加改动，因为译本有个缺陷，不能突出"教育"的观念，而且不能区别辩论的两个相继的时期。

它的影响。修昔底德明确指出了这种现象，指出大多数人的狂热会使最理智的人麻木，或者裹挟他们。他在谈到对远征西西里行动的表决时，就提到这种现象，那次远征的后果对雅典来说是一场灾难。他认为促成这次表决通过的几乎所有动机都是感情用事，或者怀有私心，而只对未来考虑得很少；他把这些动机归结为一个有说服力的词 *érôs*，即狂热的欲望[11]："大家都受同一种激情感染，要出发去远征：上了年纪的人想到的，是可以征服人们起航前往的土地，或者是至少强大的军队不会遇到任何危险；正值服役年龄的年轻人所希望的，是去远方游历，见见世面，而且坚信[12]可以平安健全地回来；大多数士兵则是希望当时就能带回金银财宝，另外还能有权让国家保证他们一直领取军饷。"[13]不过他又立即补充说："大多数人的这种迷恋[14]，使那些本来不同意的人担心，要是投票反对的话，就会被说成是不称职的爱国者，于是都噤若寒蝉。"

在这种情况下，人们经过仔细分析，明晰地发现一种现象，雅典人始终多少有点已经意识到这种现象。梭伦就已经说过："你们每个人单独地做，都能像狐狸一样成功；但是聚集在一起，脑袋就发懵：你们听信一个狡猾之徒的花言巧语，却从不注意他的实际行动。"[15]阿里斯托芬在 24
《骑士》中也用类似的话表达了同样的抱怨，他说到雅典平民老德谟斯

11　这个词想必给普鲁塔克留下强烈印象，他在谈及西西里梦想时一再用到它，说到这种"不幸而致命的狂热"［《伯里克利传》，20，4：*dusérôs* 和 *duspotmos érôs*；亦见 *Alcibiade*（《阿尔西比亚德传》），17，2：*érôs*］

12　希腊语词是 *euelpides*（"抱有时运顺遂的信心"）。值得指出，在第一卷 70，3 中，这个词用来描述雅典人的面貌，文章说，他们"惯常表现出不计实力的鲁莽，不假思索的冒险，以及在危险临头时的乐观（*euelpides*）"。阿里斯托芬在喜剧《鸟》中还用这个词作为一个雅典人的名字（即剧中的"欧埃尔庇得斯"——译注）。

13　修昔底德，Ⅵ，24，3。

14　人们也能理解为："大多数人的欲望"；但是上下文似乎更倾向于它有另一种意思。不过两者的差别几乎不改变通常的解释。

15　梭伦，断片Ⅱ，5。

一旦出席公民大会，就忘乎所以了："必须到普尼克斯去！——哎呀，倒霉！我完了！因为老头儿在自个儿家里精明得很，可是一坐到这块石头上，他就张着嘴，那样子像是要接无花果。"[16]

把一群有头脑的人改变成一群盲目而极端的人，这种现象无疑在各个时代都存在。甚至在现代民主政体中，虽然人民从来不正式举行公民大会，但是，信息的相对一致和宣传的广泛，与民意测验可能产生的累积效应结合起来，就能让人想象到当无数民众聚集在一起呐喊、欢笑时可能发生的情况。

在雅典，这种聚集的效应必定使民众作出的决议更具有非理性的特征。这种现象在修昔底德所用的词汇中就表现出来，他在谈及民众时，就采用了一些贬义词来表示"群众"，如 *homilos*，*ochlos*，*plèthos*[17]。人们在欧里庇得斯的戏剧中也看到这些词，具有类似的涵义。在他的作品里和在修昔底德著作中一样，都难以"压制群众"[18]。

这种狂热富有感染力，它也促使民众情绪变化无常。群众任凭时机牵着鼻子走，随后又后悔。修昔底德常常会顺便以一种蔑视的简短批语提到"群众"的这种秉性，在提到他们的态度发生一百八十度大转弯时，几乎总是要写这样的批语。当伯里克利先是受到指责，随后却
25 又再次当选时，修昔底德写道："接着在不久以后，民众又如往往所做的那样，反过来还选他当将军。"[19] 当平民迫使克里昂执行他们心血来潮

16 751—755（改动过的译本）。普尼克斯是通常召开公民大会的场所。最终的比喻被以各种方式解释［参见 J.Tailladat, *Les images d'Aristophane*（《阿里斯托芬的形象化比喻》）, §472］，但一般的意思是清楚的。大量文献描述傻子的样子嘴都是张开的。人们可以把本章开头所引用的身为贵族的品达的证言与梭伦的证言结合起来看。

17 参见Ⅶ, 8, 2 和Ⅷ, 92, 11，其中谈及迎合 *ochlos*。难以抗拒"群众"的冲动。在第Ⅷ卷，86, 5，除了阿尔西比亚德，没有任何人能"压制群众"。亦见欧里庇得斯的《请愿的妇女》，411。

18 修昔底德，Ⅷ, 66, 5；参见欧里庇得斯，《赫卡柏》（*Hécube*），607，其中涉及一支军队，而且其中群众被宣称是"目无法纪的"（见下文，第 75 页）。

19 Ⅱ,65,4。在"法国大学丛书"中我们译为"人民"；但这个词有特征，是 *homilos*。

发出的而他不愿执行的命令时,修昔底德写道:“至于他们,就像群众(*ochlos*)往往所做的,克里昂越是不想执行……他们就越是催促他去执行……”当雅典人突然再次燃起征服西西里的希望,却遭到巨大损失时,修昔底德写道:“群众在有信心时受一种冲动驱使,会敦促将军们率领他们去攻打卡塔尼亚。”当人民在遭受西西里失败后头脑冷静下来时,修昔底德写道:“总之,在这一时的恐慌中,他们准备应对一切惩罚。”[20] 不过,唯独在这最后一个例子中,他使用了人民(*dèmos*)这个词,因为唯独在这个例子中,他提到人们作出了理智的反应。要作出理智的反应,就需要有畏惧之心:只有当危机临头时,群众才重新变为人民。

决策的摇摆不定是由人民在雅典民主政体中所扮演的角色造成的。这回是阿里斯托芬证实了这个判断的正确,而且当时人们就已经意识到这一点,因为在喜剧《阿卡奈人》(*Les Achaniens*)中,他就把雅典人说成是 *tachuboulous* 和 *metaboulous*,即“决定快的人”和“改悔快的人”。

在修昔底德的著作中,两位演说家用一种显著特性来抨击民众这种左右摇摆的习性;但他们是以根本对立的原则的名义来进行抨击。伯里克利责备雅典人不坚持他们理智选定的政策;克里昂责备他们不坚持前一天做出的决定,而且太喜欢争辩。前者反对服从当时的利益,后者反对他们对漂亮言辞的嗜好。两者之间的差异显而易见;然而尽管如此,在这两种情况下,政治集会都似乎是产生思想混乱和无责任心的场所。伯里克利宣称他预料到民众对他的不满:“你们的态度竟是这样,在你们没有遭受痛苦时,就相信我的话,而在遭受痛苦时,又马上后悔:你们因为判断力差,就认为我讲的道理不对,因为每个人都已经知道引起痛苦的原因,而所有人都还看不到利益的所在。”[21] 至于克里昂,当 26
他看到雅典人准备推翻前一天在愤怒中作出的残酷决定时,就宣称他

20 关于民众的这三种反应,参见Ⅳ,28,3;Ⅵ,63,2 和Ⅷ,1,4。

21 修昔底德,Ⅱ,61,2,关于克里昂,Ⅲ,38,4—7。

常常觉得民主政体没有能力治理一个帝国:人们随便听信别人,又屈服于怜悯之心,不动脑筋思考,尤其是不听智者的话:"这是你们的过失,你们是这些竞斗的拙劣的组织者;你们总是喜欢听别人的花言巧语,至于他们的行动,则是听他们说,对于未来的行动,就根据能说会道的演说者所说的话来了解其可能性……你们被一个新奇的论点欺骗,却没有自己的类似的东西……总之,你们受着听人演说的乐趣支配,就像是坐在那里听诡辩家演说的听众,不像是讨论城邦大事的公民。"

无论原因是什么,民众的不负责任常常受到指责,这种现象想必确实存在。人们在修昔底德的著作第四卷中就能看到一些色彩鲜明的描绘,当时人民群情激奋,强迫克里昂率军出征,而且在阿里斯托芬的《阿卡奈人》或《骑士》中也有这样的描述,在《骑士》中,人们看到,议事官们在突然听到鳀鱼的价格下降时,就把要议的大事忘得一干二净。这种不负责任让人联想到一些意味深长的怪诞的比喻,如把人民比作最激烈的,同时也是瞬息万变的自然现象。在《伊利亚特》(*L'Iliade*)中,在军队的大会里就有这样的例子:"参加大会的人都骚动起来,就像伊卡里亚海翻腾的巨浪,是东风神欧洛斯和南风神诺托斯从天父宙斯的云层冲出来掀起的惊涛骇浪;还像西风神泽费罗斯刮过茂密的麦地,在他的吹拂下,麦穗纷纷弯腰伏地。整个会场就像这样骚动不安。"[22] 当涉及受煽动家蛊惑的雅典民主政体时,描述就带有政治经历的色彩。没有哪篇文献提供的证据有欧里庇得斯在《俄瑞斯忒斯》(*Oreste*)中所提供的好,他借墨涅拉俄斯之口说:"怒气冲天的群众像是难以扑灭的
27 熊熊烈火,但是,如果人们面对它的来势汹汹从容自若,抓住了恰当的时机,它也许自己就熄灭了。而在火势平息后,你就可以很容易从人民那里得到你想要的东西。人民那里可以有慈悲心。人民也会有怒火,

22 Ⅱ,144—149;把大会的吵闹声比作暴风雨时大海的咆哮声,亦参见 209—210,或 394—397。

对正在等候时机的人而言，这可是最宝贵的东西。”[23]

由与会者的集体的激情引起的喧嚣，最终在柏拉图的《理想国》中也能找到。人民被比作巨兽，“在细心观察它的本能的冲动和欲求之后，就必须去亲近它，触摸它，了解它什么时候发脾气，为什么发，什么时候而且为什么又最温驯”[24]，等等。人们还发现了修昔底德式的明晰，形式更广泛，而且更具体——因为柏拉图表明了集会上产生的这种吵闹所产生的效用，甚至能把最理智的人压制住：“当他们成群结队挤在一起，参加政治会议，在法庭上旁听审判，在剧院里看戏，在军营里生活或参加其他公开的聚会活动，他们都会大喊大叫，或斥责或赞同某些言论或行为，他们的喝倒彩声和欢呼声一样震耳欲聋，他们的责骂声和叫好声在岩壁上和会场里产生回声，使吵闹声放大，加倍响亮：在这种情况下，像人们所说的，一个年轻人的心会变成什么样子？要有怎样的个人教养才能够抵御得了这种责骂和表扬，不会随波逐流？他怎么能不像他们那样评价美与丑呢？他岂不会跟他们有同样的爱好，变成和他们一样的人吗？”[25] 修昔底德提到过，一些人由于害怕，不敢对大多数人的狂热泼冷水：柏拉图在一次刻骨铭心的追忆中，提到一些人，因为真正被同化了，以致除了相信群众的价值标准，不再敢相信别的价值标准。在两人的著作中，虽用的词语各异，这样的群众都显得很危险，而且是理性发挥作用的最大障碍。 28

雅典历史上的平民的激情

这第一种行为有助于强化民众所作的决议的非理性特征，但不是

23 《俄瑞斯忒斯》，696—693。

24 《理想国》，Ⅵ，493 a—b。被译为“本能的冲动”的词是 *orgè*，像在修昔底德的著作中一样。

25 《理想国》，Ⅵ，492 b—d。

其唯一的原因,也不是如今最能引起我们注意的原因:人民不管怎样都会受激情驱动。

上面所举的例子中指出的词语就表明了这一点:这些词语就是多少有点冲动的欲望(*epithumia* 或 *érôs*)、希望、愤怒、怜悯。从来没有长远盘算,所以致使民主政府失策。而希腊历史学家所提供的证据就再三揭露了这个弊端。

希罗多德就曾经揭露过。而且这回由于他不抱偏见,因而他的判断给人印象更深刻。他毫不犹豫地以个人名义发表意见,强调政治自由能大大促进一个民族的飞速发展;关于废除僭主政体时的雅典,他提到这一点,而且在有关同一时期的一系列篇章中反复提到[26]。甚至有一次他一反习惯进行了概括:“这不是在一种孤立的情况下,这是平等的优越性在表现时所采取的一种普遍方式:雅典人在受僭主统治时,在战争中就不比周围任何民族有优势;摆脱了僭主统治,他们就远远超过一流的民族。这就证明,人们在奴役状态下,想到是在为主人工作,所以就故意表现软弱,而一旦获得自由,人人都找到自己的利益,就会满腔热情地完成他的任务。”[27]

希罗多德很公正,同样也指出人民可能容易受骗。就在这第五卷,在他指出阴谋家阿里斯塔戈拉来鼓动斯巴达或雅典派援军支持他攻击
29 大流士大帝时,他描述了此人在这两个城市的奔走活动来进行比照。在斯巴达,阿里斯塔戈拉在克里昂米尼国王面前为他的事业辩护,甚至试图收买国王:他遭到挫折,因为国王八九岁的女儿发出警告:“爸爸,如果你不离这个外族人远些,他会害了你。”相反,雅典人民的警惕性还不如这个孩子。阿里斯塔戈拉被请到公民大会上,大谈特谈唾手可得

26　希罗多德,Ⅴ,66,1;78;91。

27　这段文字在Ⅴ,78。在希波克拉底的论著《论空气、水和环境》(*Des Airs, eaux et lieux*)(参见16和23)中,存在以类似词语表达的观念,日期无疑追溯到伯罗奔尼撒战争的最初几年:发现希腊比波斯专制统治优越似乎是这种思考的关键。

的财富、胜利，还有荣耀：这些诱惑让雅典人民晕头转向，不考虑这是真是假。总之，“阿里斯塔戈拉被欲望压得喘不过气，除了许诺什么也没有，竟使他们信以为真”。希罗多德于是得出结论：“必须相信，欺骗多人比欺骗一人容易得多：阿里斯塔戈拉没能骗到孤身一人的斯巴达国王克里昂米尼，却骗到了成千上万的雅典人。”[28]

这个故事，尤其是它引起的评论，已然说明问题；但是形势使它更加突出：这样轻率作出的决定，使雅典人卷入进攻波斯的战争，成了米堤亚战争的起因。此外，爱奥尼亚人希罗多德对整个这件事无情地进行了评论。他采用《伊利亚特》中关于发动特洛伊战争的军舰的表述（后来修昔底德在谈及伯罗奔尼撒战争爆发的时刻也采用了这种表述），希罗多德郑重地写道，当时雅典派出的舰队“对希腊人和蛮族人来说，是不幸的根源”。因此，在作为希罗多德的中心主题的这场严重冲突的关键点上，而且就在他的著作的基本点上，人们发现他指出了人民的轻率行为，十分有见地，十分关键。

人们可以举出著作中描述的另一些行为——当这只是在“被愚弄的”人民任由庇西特拉图欺骗，而且允许他为自己配备卫兵的方式时[29]：任何行为都不会有第五卷这一节所具有的戏谑和明晰。

修昔底德在叙述中，处处谈到的例子都不再是孤立的：他以令人钦 30
佩的明晰，阐述了这样一种观念，即整个雅典政治就通过政治家们对人民的愿望的态度来了解。在他的著作中特别有一篇章——唯一的一篇，战争一失败，他就以个人名义评论造成失败的深层的原因。不过其中人民缺乏远见这一点本身没有受到指责：好像这是明摆着的事；而且只研究了政治家们考虑这一点时所持的态度。

在这方面，修昔底德把伯里克利跟他的继承者作了对比。他称赞

28　V，97。“Myriade（成千上万）”在希腊语中是一个模糊数字，几乎达不到万的词源学范围。不管怎样，为了鲜明地表达这个观念，希罗多德采用了夸张的描述手法。

29　希罗多德，I，59。

伯里克利能够让人民一直走在理性的道路上,指责伯里克利的那些继承人却被人民牵着鼻子走,迎合他们。人民自己是不理智的,不管怎样,这点似乎不言而喻。

修昔底德说,伯里克利能很好掌握群众,而且“不是被他们牵着鼻子走,而是引导他们”;他“说话不是为了要取悦他们”。相反,“每当他发现他们毫无理由地沉湎于一种傲慢的自信,就用言辞来打击他们,让他们产生忧虑;但是如果他们感觉到无来由的恐惧,他就让他们恢复自信”[30]。这里,民众的所有反应都表现出非理性特征,总是感情用事,而且喜欢走极端。人们从中看出曾经受到希罗多德指责的那种傲慢。但是,傲慢(*hybris*)这个词有更明确的政治涵义:这就是盘算不当的野心产生的傲慢的自信[这种自信即导致灾难(*némésis*)]。可是,这种傲慢的非理性特征和同样无来由的气馁互为补充。领袖的作用就在于纠正这样的冲动。

领袖如果没有足够的个人权威可以反对人民的这种倾向又不致失去声望,那么他就不得不反过来,顺着当时的民众情绪所希望的方向说话。修昔底德也描述了伯里克利的继承者们造成的现象:“相反,后继者们之间本身比较平等,而且个个都觊觎这个最高地位,于是都尽力去取悦人民,他们甚至连管理城邦事务都依赖人民,所以一个帝国为首的
31 重要城邦犯下包括远征西西里在内的所有错误,并不出乎人们意料。”[31]
顺便说一下,“悦”这个词就表明了民众的思想倾向有纯情感的特征;而这种情感特征也解释了政治错误产生的缘由。

这段非常重要的文字已经说明问题:如果把它和著作的其余部分相比,它的意义重要得多。人们于是发现,这里以明白易懂的词语表述的过程,在叙述的各个情况下都存在,而且发现,修昔底德所用的词语都是严格挑选的,使得人们可以从行为的深处来了解民众的盲目所产

30 修昔底德,Ⅱ,65,9。

31 修昔底德,Ⅱ,65,10—11。

生的影响。

整个第二卷阐明伯里克利与人民的双重欲念作斗争时所采用的方式，这种双重欲望驱使人民先是希望开战，后又想要放弃战争。

因为对雅典人来说，打陆地战是一种严重的冒失行为；而伯里克利清楚说明了个中原因。但是，当人们遭受侵略时，开战的欲望还是可能变得十分强烈。斯巴达国王阿希达穆斯就指望这场战争。一开始他就预言，一旦阿提卡遭到劫掠，愤怒的人民就不会支持伯里克利的消极策略，就会不顾他的意见投入一场实力不相当的战斗[32]。实际上，人们很快就看到这种“愤怒”发生；而修昔底德提醒道，伯里克利可能料到这一点，因为这合乎情理。伯里克利估计到人民偏离了最正确的观点，于是决定“不举行公民大会或任何其他会议，以免此时人们被怒气冲昏头脑而犯下错误”［22，1：*orgè-gnômè*（判断力）］。这样，第一个欲念就被克制住了。

在这方面，战争的苦难更加深重，一场鼠疫又使之雪上加霜：人民于是泄了气，准备放弃战争。他们抱怨伯里克利，怨恨战争。对于这种情感上的新的反应，伯里克利却表示反对：“看到他们完全像自己所预料的那样，对形势很悲观，他就召集一次会议……他要让他们重振信 32
心，消除任何狂躁情绪（*orgè*），把他们的情绪引向更随和、更自信。”[33] 于是他教训了他们——当时这种教训还不能奏效，但是最终收到了成效。

因此在这两种情况下，背景是完全一样的；而词语的相似有助于认识它的特征。

相反，伯里克利的继承者们的态度却总是顺着民众的愿望。

煽动家克里昂在两种情况下提供了第一个证据，修昔底德描述了这两种情况。

32　这种反应在Ⅱ，1，7—8 中作为可能性以本能的冲动（*orgè*）和群情激奋（*thumos*）作出。在Ⅱ，20，2 中，这个预见被再次提起，在 21，3 中又用到 *orgè* 这个词。

33　修昔底德，Ⅱ，59，3。

第一次，他支持了雅典人做出的处死全部米蒂利尼人的决定，这个城市在背叛雅典后被攻克。修昔底德认为这个决定就是“在愤怒情绪的影响下”做出的（III，36，2：*orgè*）；后来，雅典人思考并斟酌了这种措施，认为过于严厉：他们想撤销这个措施。一开始支持了这个决定的克里昂，便发话阻止人们改变它。修昔底德说，他是“公民中最狂暴的人，又是最最受人民欢迎的演说家”。然而这一次他却失败了：人民听从了狄奥多图斯，他建议了“明智的决定”[34]，劝说雅典人考虑他们的真正利益，如长远的利益。然而，克里昂所主张的恐怖策略后来事实上还是执行了；而且正如狄奥多图斯所预料，它对防止背叛不起作用。

第二种情况是派娄斯事件，克里昂成功了。不过修昔底德明确指出，他的策略符合人民的最不理智的愿望。雅典人已经取得一次胜利，其中机遇起了很大作用[35]。他们俘虏了许多斯巴达人；于是斯巴达准备议和。在这种情况下，修昔底德记下了据称是斯巴达使者的一段讲话，是一个和解的提议。他们劝说雅典人不要因为交了好运就忘乎所以，要
33 缔结和约，以免发生无法挽回的情况使他们失望，或者使局面变得永远不可收拾。为此他们引证一些不理智欲望的经历：“这样你们就能避免那些当幸运临头时却不习惯的人的遭遇：就因为曾经有过一次好运意外地降临到他们头上，总是希望得寸进尺；而那些历经世事沧桑、沉浮无常的人，才最不相信这种成功，想必这是理所应当的。”[36]

然而，事情变得怎样呢？修昔底德对斯巴达使者的话没有做出任何回答，而是开始描述民众的欲望；而这个欲望完全和斯巴达使者要雅典人提防的情况一致：“雅典人坚持让他们的人留在岛上，认为在他们

34 希腊语词是 *euboulia*，见 42，1 和 44，1。

35 叙述本身就突出了这种机遇的作用：这个词以各种形式出现在Ⅳ，3，1；5，1；9，1；13，4；14，3。

36 修昔底德，Ⅳ，17，4—5。

愿意缔结和约之际，休战从此就已经达成，他们还想得到更多。”[37]

只是在随后才说起克里昂的作用。他就是“把他们往这个方向上推的最起劲的人”。所用的动词通常就表示助长一种不易改变本性的行为[38]。因此人民的意愿显得是决定性的。

同样，稍后克里昂就敦促雅典人向派娄斯派遣援军。可是这是为什么呢？文章说得非常明确，他之所以这样做，是因为这是人民的愿望：“他向雅典人提出别的建议，他已看出他们更倾向于发动一次远征。”[39] 煽动家不是在前面引导人民，而是跟在人民后面推波助澜。

然而，尽管这次拒绝和约和派遣援军获得成功（修昔底德宣称这是意外的成功），这种愿望也是不理智的。后来雅典人就不得不后悔没有在胜利后缔结和约了；但是斯巴达使者的话意思是最好在获胜之前就 34
进行和谈；而最终缔结的和约被证实是不牢固的。

阿尔西比亚德继承了克里昂。他一开始也拒绝斯巴达使者的提议，不签订和约。根据修昔底德的叙述，人们发现他在玩弄诡计。他劝说使者们不要把真相告诉人民。尽管如此，开始他和克里昂一样遭到失败。但是一遇到困难，人民再次“愤怒”（Ⅴ，46，5：*orgè*）；而阿尔西比亚德就利用这种愤怒要人民同意他的策略。

不过，阿尔西比亚德要干的大事[40]是远征西西里。

然而，还是在此处，一开始修昔底德又说到人民的情感和无知：“大多数雅典人既不了解这个地区面积的大小，也不了解希腊人及蛮族人

37　Ⅳ，21，2。表达“想得到更多”的词在使者的讲话和修昔底德的叙述中是一样的。

38　在希罗多德的著作中，人们说到“诱使”人们发狂的酒神狄俄尼索斯（Ⅳ，79），或者说到“诱使”人们拼死争斗的黄金和白银（Ⅴ，49）；在Ⅴ，49 和Ⅴ，90，涉及一种能增强上面所提到的情感原因的动机：如在修昔底德著作的Ⅰ，67，2；Ⅱ，2，3；Ⅳ，24，2 所提到的。关于Ⅵ，15，参见下文。

39　Ⅳ，27，4。

40　人们从普鲁塔克的著作［《阿尔西比亚德传》，16，6——参见（Andocide［安多西德］），Ⅳ，22］中知道，阿尔西比亚德促成了屠杀米洛斯岛全部居民的事件，就像克里昂想促成对米蒂利尼居民的屠杀一样；但修昔底德的著作没有写到这种情况。

居民的数量,而且没有意识到他们是在发动一场其规模几乎不亚于伯罗奔尼撒战争的战争。”[41] 雅典人不知道这一点,但是按照修昔底德的说法,“他们都渴望发动战役”;而且“他们的最真实的动机是要完全征服它”。[42] 人们不禁要通过提到后来被普鲁塔克描述的场面来补充这个坚定但审慎的判断:“角力场上的年轻人和坐在店铺和有座前廊里的老年人,在地上描画西西里的地图及其周围海洋的形状,附有该岛的港口和面向利比亚的海岸位置。因为他们没有把西西里看作战争的赌注,而是看作一个军事行动的基地,由此向迦太基人发动攻击,并趁机征服利比亚及直达赫拉克勒斯之柱的海洋。”[43] 不管怎样,根据修昔底德所叙述
35 的内容,雅典人在这种欲望支配下,打发人去实地侦察;而且“根据所获得的诱人但不太真实的情报”(在提出一些借口后——严谨的修昔底德没有忘记特意叙述这些借口),他们决定派遣一支舰队出征。

事情于是似乎决定下来了。然而,没有任何政治家就这件事发表意见,既没有赞成,也没有反对。但是四天后,又召开了一次公民大会,会上想必确定了远征所需的物资装备:就在此时,在民众作出决定之后,修昔底德描述了一场辩论,尼基亚斯和阿尔西比亚德相继发言,尼基亚斯希望取消这个计划,而阿尔西比亚德则希望继续进行。

于是人们惊讶地看到,在描述阿尔西比亚德在这件事情中的角色和描述克里昂的作用时,采用的是同一个动词:阿尔西比亚德顺着雅典人的欲望“诱导”了他们[44]。

---

41 修昔底德,Ⅵ,1,1。

42 Ⅵ,6,1。希腊语词和上面援引的Ⅳ,27,4 中有关克里昂的例子所用的一样(但译错了,说服力较弱)。

43 《尼基亚斯传》(*Nicias*),更简要的参见《阿尔西比亚德传》,17,2。这个重大计划的存在被修昔底德证实(Ⅵ,91 及以下)。在所援引的这一段中,普鲁塔克把人民的想法归于阿尔西比亚德的影响;但是他在别处(《伯里克利传》,20,3)说,这些想法在伯里克利时代就已经存在。

44 修昔底德,Ⅵ,15,2。

再说，就是这个让他拥有了势力。修昔底德指出了这一点，描述了他的演说所产生的效应；因为他说：“雅典人比以往更急于远征。”[45]尼基亚斯也不敢再继续反对了：“既然你们雅典人不顾人们所说的，仍然极力赞成远征……”，尽管他费尽口舌指出物资筹备的任务很艰巨，但毫无效果：他与人民的“欲望”发生冲突！“欲望”这个词就是修昔底德着重强调的词，因为他采用的不是一个名词，而是一种很少用的措辞，能更好地描述动机：他用一个名词性的中性分词质疑“他们中的欲望因素”。这个说明问题的词先于已经提到的著名的词 *érôs* 出现，当时“也控制了所有人”[46]。

西西里远征必定是场灾难，而且很大程度上就是出于尼基亚斯所指出的原因。然而，没有谁比修昔底德说得更明确，直接责任就是民众的欲望：阿尔西比亚德为了实现个人的野心，总是顺着这些欲望开辟的道路走。

此外，对于阿尔西比亚德和远征，和战争开始时对于伯里克利，雅典人的政见想必表现得同样变化无常。远征军出发伊始，就爆发了一 36
桩引起公愤的事件，赫尔墨斯神像被毁坏和亵渎秘密祭祀仪式；人民以为这是一个阴谋；怒火再次点燃（Ⅵ，60，2：动词是名词 *orgè* 的对应词）。于是修昔底德说，“狂烈的愤怒情绪再次爆发，每天愈演愈烈，要逮捕更多的人”。阿尔西比亚德受到事件的牵累，雅典人“对这些事情非常愤怒”：要把阿尔西比亚德从西西里召回，他于是投靠了敌人。按照修昔底德所说，这是“促使城邦失败”的决定。[47]

局势激变已经明朗，可能要将雅典带入内战。这个在自己的野心与民众的欲望一致时就顺着民意的人，靠着一种巧妙的转变，避免了最坏的结局。就在寡头政体在雅典建立之际，驻扎在萨摩斯的军队依旧

45　Ⅵ，19，1。希腊语词与Ⅳ，27，4 和Ⅵ，6，1 所用的相同：参见上面的注 42。

46　Ⅵ，24，3。

47　Ⅵ，15，4。

忠于民主政体，这支军队差点放弃和斯巴达的战争返回雅典，准备和寡头统治者作斗争。士兵们群情激奋。“他们得到这些消息非常不安。”而阿尔西比亚德来到了萨摩斯，他是唯一能够抑制他们怒火的人。修昔底德的述评于是估计了他的作用的意义：“就在此时，阿尔西比亚德第一次似乎成了最能为国家效力的人：即如果萨摩斯的雅典人急于进攻同胞，那么，爱奥尼亚和赫勒斯滂显然立即就会落入敌人的手中，是他阻止了他们。这时候，其他任何人都无法控制群众了，而他既能让他们放弃进攻的行动，又能靠犀利的言辞消除他们对寡头统治者派来的代表个人的仇恨”[48]。所用的两个词对应于名词 *hormè* 和 *orgè*。因此文献最终证实了因民众的感情用事而产生的危险。

由此人们理解柏拉图之前的一些人，如阿里斯托芬或欧里庇得斯，当时就要求人的品质具有非常理智的特性。这不再仅仅是修昔底德经
37 常称赞的伟大政治家所具有的“判断力”或“理解力”：在阿里斯托芬或欧里庇得斯的晚期作品中，这种“理解力”已经被叫做“理性”（*nous*）；而且这就是国家期望其拯救者首先应该具有的品质[49]。确实，雅典人一直都在期待理性；而在日常经历中，他们也有理由希望它出现。民主政体的实践告诉他们：通常在当时的反应下作出的公民大会的决定，从来就不听从一种整体的思考，而这些决定在有智之士身上激发对理性的怀念。

---

48 Ⅷ，86，4—5。

49 人们在《俄瑞斯忒斯》中看到，在需要一个有理智（909：σύν νῷ）的首领时，一个煽动家却用一种“粗鄙的”（905：ἀμαθεῖ）坦率语气说话；此外他是以一个有理解力的（921：ξυνετὸς）农夫出现，可是人们不听他的。同样，在《伊菲革涅亚在奥利斯》（*Iphigénie à Aulis*）中，优秀的人由于听从人民的糊涂意见（368：ἀσυνέτου），一事无成而退了下来。在《公民大会妇女》中，有理性（433：νοῦν）的人不多，这就阻碍他们的意见占上风。

从一个极端到另一个极端：雄心与惰性

文献对这种弊病作出了解释。政治家中有的过于指望人民，如伯里克利，有的则威胁到人民的绝对权力，如人们认为公元前 415 年阿尔西比亚德就存在这种情况，以及如公元前 411 年寡头派造成的事实，如果撇开人民对他们的各种“愤怒情绪”不谈，这一连串由民众的激情产生、受到修昔底德严厉指责的错误，其实其本源可以确定：人民的激情主要出自一种过于自信的雄心。人民相信虚幻的许诺，不接受和约，不容忍背叛，渴望征服世界。按照修昔底德重复多次的说法，人民“想得寸进尺”[50]。在希罗多德的著作中，人民就已经任由自己卷入轻率的行动了。平息伯罗奔尼撒战争，拒绝和约，渴望征服西西里，这些都符合同样的秉性。

这招致一种评论。因为如今流行的观点认为人民是反对战争的，而且把战争的起因归于军火商人和政客们的私利。人们在阿里斯托芬的作品中就发现了含有这种论调的大段台词。但是希腊的全部历史经验告诉人们，情况并非总是如此。 38

公民，哪怕是地位最卑微的公民，都为他们城邦的特权骄傲。这种特性如今还存在；但对于经济问题不太严重的希腊小城邦来说，民族荣誉感确实更强烈得多：人的激情也随着时代而变。尤其在雅典，人民直接行使最高权力，使得这种情感更强烈，更具有个人性质。例如伪色诺芬那篇关于寡头政体的小论著，就没有忘记列举雅典人民的统治中让各种自尊心得到满足的乐事：如果盟邦的诉讼案件不在雅典审理，某些公民就只从这些盟邦必须对雅典表现出更多的尊重中获得享受[51]；相反，因为现行制度，这些盟邦必须奉承负责审理诉讼案件的雅典民众；他们必须向雅典人致意，拉拉他们的手……小敬意，也是更大的敬意：涉及

50　Ⅳ，17，4；Ⅳ，65，4；Ⅵ，11，5。

51《雅典人的政制》，Ⅰ，18。

的总是从外部获得的荣誉；在修昔底德的著作中，人们一提到帝国，这种重视荣誉的意识随处可见[52]。当伯里克利宣称："城邦从她的帝国获得一部分荣誉，这个帝国的全部荣誉是你们为她挣得的：如果你们不放弃追求荣誉，那就不要逃避不幸"[53]，他同样以这些荣誉的名义要求人民努力战斗。当时在思想上，统治与自由并没有被认为是对立的，看到这种观念被明确认可更不该奇怪：人们要的是城邦的自由，不是人民的自由；然而，控制其他城邦只是这种国家的自由最完善的形式。"雅典是最自由的城市"，因为无人向她下命令；而这就是因为她拥有一个帝国。因此在一种迷恋各种形式的自由的观念中，这种对外的威望根本不合时宜。

这种朴素的概念如今不再流行。然而，任何政体都不可能放弃拥
39 有力量保障其独立的念头。而且这种独立所冒的危险往往成为有点主观的评价的对象。雅典往往就宣称，她的帝国就产生于这样的考虑；而且在这方面她有过许多后继者[54]。

但是，雅典人民还有其他理由要追求统治一个帝国，并且为这个帝国发动战争。这就是经济方面的理由。

战争使富人破产，也毁掉了他们在乡村的田产：修昔底德在谈到战争激起人们对伯里克利的怨恨时，就提到这一点。战争也使小农破产：阿里斯托芬往往提到这一点，例如在喜剧《和平》（*Paix*）中。但是它对城市平民有利，因为参战有军饷。修昔底德在谈到西西里远征时就明确解释了这个事实，指出广大士兵愿意出征，"希望当时就能带回金银

---

52 Ⅰ, 75, 3 和 76, 2 ; Ⅱ, 41,1 ; Ⅱ, 63, 1 ; 64, 2 ; 64, 3, 等等……请参见拙文 "Le thème du prestige dans l'œuvre de Thucydide"（《修昔底德的著作中关于荣誉的主题》）, *Ancient Society*, 4, 1973, pp. 39—58。

53 修昔底德, Ⅱ, 63, 1。

54 如今人们至多是以联盟和信任为基础，而不是以实力为基础来建立这种力量：这正是公元前 4 世纪伊索克拉底第一个建议的方法。

财宝，另外还能有权让国家保证他们一直领取军饷”[55]。战争给士兵带来军饷，帝国给平民带来回报。

因此荣誉和利益是一致的——还有对安全的担忧，这个理由多少有点正当。然而，在修昔底德的著作中，正是这三种意识——荣誉、安全和利益——解释了雅典帝国形成的原因[56]。人民重视这三种意识：他们比贵族或富人更看重荣誉和利益。

人民的欲望，还有他们的利益，可能采取完全不同的形式。在现代民主政体中，人们充分了解这一点。不过，古希腊的经历也让人想到，这些对立的倾向可能同样危险。因为从公元前4世纪起就发生了转变；而且作家们不会不为这些与以前相反，而且也不太理智的欲望感到遗憾。

因为爱国热情已经随着雅典帝国的衰落一起衰退。不久，雅典人
就靠雇佣军来打仗了；而且，由于城邦不再能得到从属城邦的贡赋，就 40
不再有任何直接或间接的利益值得公民为之战斗。可是，在公元前4世纪，雅典一边为出席公民大会的人发放津贴，一边也为贫穷公民发放和增加津贴，以便保证他们能出席节庆活动。这就是“团体经费”——德摩斯梯尼的政敌欧布洛斯管理过它。因此，轮到和平生活也变得有利可图了[57]。

因此人们可以理解，这种陶醉于战争和力量的人民会沉迷于无为的欲念。

这就是德摩斯梯尼所抱怨的人民的不负责任的态度，像阿里斯托芬和修昔底德所抱怨的那样。他描述了人民拒绝接受任何明智建议的

55　Ⅵ, 24, 3。关于这个观点，参见M. Finley，《古代与现代民主》，pp.46—48。

56　Ⅰ, 75, 3和76, 2。

57　人们知道，伯里克利开创的雅典卫城的一些伟大工程，正是为了响应类似的操心，即让尽可能多的人生活好（但是要让他们工作）（参见普鲁塔克，《伯里克利传》，12）：这就是人们所称的伯里克利“国家社会主义”的东西。

方式，所用词语和阿里斯托芬和修昔底德所用的一样严厉——而且更尖刻，因为他是向公民大会发表演说。人们马上就禁不住以“听到辱骂、诽谤、讥讽”为乐，而且他们听到无耻之徒的辱骂也发笑[58]。他们不再像以前那样认真了，而且总是受“乐趣”支配。还有恭维：“在公民大会上，你们非常喜欢意在取悦你们的演说，喜欢被吹捧，然后，当风暴酿成之后，你们的安全就遇到危险了。”不过，现在不是热情产生危险，而是轻率和漠然的态度产生危险：只要向人民支付出席津贴，他们就完全信赖政治家：“你们作为人民，躁动不安，经济拮据，得不到他人帮助，沦落到奴隶的地位；另外，公民们，如果他们分配给你们表演的某个重要角色，如果他们组织皮德罗米亚月[59]节庆活动的游行队伍，你们就感到很快乐；最后，你们竟要感谢他们给予你们本来就属于你们的东西。至于他们，把你们圈在城里之后，就把你们引向这种猎物，并把你们驯化成
41 家畜。”[60]

结果从两方面看是糟糕的。在内部，民主原则本身遭到背弃和歪曲，因为当人民只愿听迎合他们欲望的话时，就不存在真正的言论自由了；“你们已经把真正的言论自由排除在商议之外”[61]。至于外部事务方面，盲目和缺乏远见占主要地位。没有任何整体的计划：“你们和腓力斗时，行为跟互相打架的粗汉没什么两样。他的身体某个部位挨了一击，就动手打对方这个部位；人家打他别的部位，他也要打对方的那个部位；至于躲闪，至于留意对方的出拳方向，他不会，也不想。”对于令人恐慌的消息，他们不感到不安，倒是更喜欢猜疑：“结果怎么样？于是在公民大会上，你们非常喜欢意在取悦你们的演说，喜欢被吹捧，然后，当

58《第三篇反腓力辞》，54。

59 Boédromie，阿提卡历三月，公历为9至10月——译注

60《第三篇奥林图斯辞》（*Olynthienne Ⅲ*），31。

61《第三篇反腓力辞》，4；例如参见《第三篇奥林图斯辞》，2：“你们不容忍在所有这些问题上畅所欲言。”此段后面所引用的两句是，《第一篇反腓力辞》，40和《第三篇反腓力辞》，4。

风暴酿成之后，你们的安全就遇到危险了。”

人们实在想象不出这样的批评，它更类似于修昔底德为指责一种相反的政策而提出的批评。

甚至分析的类似程度都很大，使得人们寻思，传说多次亲手抄写了修昔底德整篇著作的德摩斯梯尼，是否从哲学家的著作中讨教过，如何更清楚地了解民众盲目的危害。但是，有太多的文献和这里被引用的文献——演说家、历史学家、哲学家的文献——观点类同，从这些类似的分析中，人们不会看不出这证实了任何民主政体所存在的一种明显的弊端。这同一种盲目产生的两种相反政策的特征，于是总把证明和反证结合在一起。

此外，事件的教训认可了这两人作出的判定：人民的帝国主义意愿导致了雅典的失败，即被斯巴达和希腊联军打败；而公元前 4 世纪人民的和平主义意愿也导致了雅典的失败，即被马其顿打败。 42

恭维者大行其道

要消除民众的这种盲目，唯一方法是拥有正派而有远见并且说话能让人理解的领袖。伯里克利就是这样的角色。德摩斯梯尼持久的激情可以企求与奥林匹斯神的明智同样的效力。欧里庇得斯说过：“如果首领心术不正，群众就令人生畏。——但是如果群众有好首领，他们的决定也总是正确的。”[62] 不幸的是，民主政体在本源上就有利于煽动性宣传和助长恭维之风。

“煽动者”一词本身的原意是“民众的领袖”，在公元前 5 世纪，它就这样获得了贬义，如今这就是它的词义：只有在人们说到（但这很罕见）“好的煽动者”或者“公正的煽动者”时，最初的涵义才和修饰词语

62 《俄瑞斯忒斯》，772—773。

一道保留下来。多数情况下人们只说煽动者，即坏人。他们表现出来的邪恶已经被修昔底德仔细分析过，并且在古希腊作家的著作中招致了大量类似的指责，这些指责不乏尖刻。

这种煽动性宣传的根源已被修昔底德在其著作中确定了，在这篇文献中，他就明确地把伯里克利的坚定与伯里克利的继承者们的诡计多端进行了比照：“正是因为，由于他所享有的敬重，由于他的思想品质，他拥有了权威，而且还因为，他在金钱方面表现出鲜明的廉洁，所以尽管群众享有自由，他也能控制住他们，不被他们牵着鼻子走，而是引导他们；因为，他不必用非法手段来获取金钱，所以发表意见从来无须取悦他们，相反甚至利用人们对他的敬重来抵挡他们的愤怒。在任何情况下，每当他发现他们毫无理由地沉湎于一种傲慢的自信时，就用言辞打击他们，让他们产生忧虑；但是如果他们感觉到无来由的恐惧时，他就让他们恢复自信。因此事实上，这位第一公民就是以民主政体的
43 名义进行统治。相反，他的继承人们地位平等，人人都想获得这个最高地位；于是他们都力图取悦民众，使国家大事的管理依赖民众。”[63] 因此领导者的野心必须和民众的激情保持一致——全部弊端也就由此产生。事实上，修昔底德在谈到克里昂、阿尔西比亚德或阿尔西比亚德的政敌，谈到公元前 411 年的许多观点相互对立的政治家时，就没有忘记严肃指出，他们的政策只是想满足他们的私利，或者立即获得声望[64]。

欧里庇得斯的戏剧反映了这种分析：他也揭露了一些巧言令色的演说家的个人野心和有害行为。《请愿的妇女》把僭主政体和民主政体

63 修昔底德，Ⅱ，65，8—10。

64 关于克里昂，参见Ⅳ，27，3；关于阿尔西比亚德，参见Ⅴ，43，2；Ⅵ，12；Ⅵ，15，1—3；关于阿尔西比亚德的政敌，参见Ⅵ，15，4；关于公元前 411 年的政治家，参见Ⅷ，50 及以下；Ⅷ，89，3—4。亦见我在 *Revue de Philologie* 上的关于个人野心发展的研究论文，39（1965），pp.28—47。

进行对比，剧中的辩论指出，民主政体的弊端就是存在演说家，他们在向民众发表演说时，“为了自己的利益，吹捧民众，引得他们团团转。这些人今天让民众高兴，明天就做坏事；然后为了掩盖他们的过失，他们又更加起劲地诽谤民众，逃避责罚”[65]。在悲剧的主题要求抱怨最少的地方，同样的抱怨也几乎到处可见。尤利西斯只是能说会道，就足以让《赫卡柏》中的信使把他叫做“诡诈的、精明的演说家，用花言巧语迎合民众”，或者让赫卡柏本人嚷道：“你这个忘恩负义的孬种，说好话来博得民众的欢心！”[66]远不是只有她有这种意见[67]。欧里庇得斯深受这个问题的困扰，他笔下的俄瑞斯忒斯不惧怕神祇或最高法院的判决，而是惧怕公民大会的判决。况且他有理由惧怕：欧里庇得斯详细讲述了这种公民大会举行会议的整个过程，在会上，最激进的意见最终占了上风；而 44
且还在这里加了一条批语：“当心术不正的人用花言巧语说服群众时，对于城邦就是大害。”[68]。在剧中，国王墨涅拉俄斯不敢抗拒人民的愿望：在《伊菲革涅亚在奥利斯》中，阿伽门农也感觉到同样的恐惧，而且处于受所有人指责的境地[69]。克里昂时期恭维者更多，到战争结束时更厉害，煽动家始终存在，他们的作用也总是有害。

在阿里斯托芬的作品中，这种角色无疑遭到最严厉批判——尤其是在克里昂的时期，这位诗人对此人恨之入骨。在他的所有早期喜剧作品中，找不到一百句其中不出现“奉承”和“诽谤”字眼的台词。与其一一列举相关的句子，不如只提一下《骑士》中的绝妙场面，其中德莫斯

65 《请愿的妇女》，411 及以下。

66 分别参见《赫卡柏》，131—133 和 254—255。

67 参见《希波吕托斯》（*Hippolyte*），482—489，《美狄亚》（*Médée*），580，《赫卡柏》，1188—1191，《腓尼基妇女》（*Phéniciennes*），526—527。

68 907 及以下。关于诗句的真实性，关于这里归于煽动家的特征，请参见我的研究论文“L’assemblée du peuple dans l’Oreste d’Euripide”（《欧里庇得斯的〈俄瑞斯忒斯〉中的公民大会》），*Mélanges Cataudella*，I, pp. 237—251。

69 参见 449，1269—1272 等句。

老头被两个煽动家围着(一个是帕弗拉孔,也就是克里昂,一个是腊肠贩),他们在他身边进行讲奉承话的比赛。他们声称喜欢他,爱戴他;他们夸口要帮他弄到大笔大笔的钱;他们为他弄一个坐垫、一双皮底鞋、一件带袖长袍、一件披风、一盘…… 薪酬、香油膏,还答应给他大麦和烤饼;善良的德莫斯听了非常高兴。因为就像合唱队所唱的:"啊,德莫斯,你的帝国多么好!你像个霸道的君主,人人都敬畏。可是你太容易被人哄骗了:你喜欢被人恭维、被人愚弄,老是张着嘴听那些演说家说话;而你人在家里,头脑却不知跑到哪儿去了。"[70]

当然这场戏不是反对民主政体;在最后,德莫斯返老还童,头脑又变聪明了:"告诉我,我日前做了些什么啊?我是什么样的人啊?——首先,当有人在公民大会上说:'德莫斯啊,我喜欢你,爱戴你,我唯一关心的就是你,只有我照顾你的利益',只要他一开始说了这些话,你就会拍打翅膀,竖起犄角。——我是这样吗?——可不是嘛,他骗了你,玩了鬼花招。——你说什么?他们这样对待我,我竟然不知道!——老
45 天在上,你的耳朵就像一把遮阳伞,打开又合上。"德莫斯最后说道:"你瞧,我真为我过去的错误害臊。"[71]

虽说这场戏最后表明,人民可以而且必须改变他们的形象,在公元前4世纪,德摩斯梯尼却还在徒劳地教人民这样做;他还说到演说家可以而且必须改变他们的形象。在他的每篇演说词中,人们都可以读到一些声明,宣称他"不说让人听得高兴的话,而是尽力说总是最恰当的话":这句话不是陈词滥调,而是对前一个世纪的经验揭示出来但没有纠正的弊端的回应。这里,这位演说家甚至抱着一种勇敢的态度:"为你们的利益着想的人常常是违背你们意愿的,他发表演说从来不求讨好你们,但总是于你们有利,他忠心耿耿,是一位好公民,不是那种为了

70《骑士》,1114—1120。

71《骑士》,1355。

只顾眼前讨好你们，牺牲国家最大利益的人。”[72]

于是，从极为丰富的一堆文献中选出的这一系列文献所揭露的弊端始终是同一种弊端。在雅典，由于人民对于每个决定都直接行使最高权力，这种弊端更明显；但由此得出的教训对任何民主政体来说都有教益。

这一系列证据本身也能让人更容易理解这种对民众的“恭维”的确切含义。

这种恭维可能十分简单，就是把各种功劳都归于雅典及其人民。例如阿里斯托芬在《阿卡奈人》中就喜欢揭露这种恭维：“从前，盟邦的代表想要骗你们的时候，一开口就称呼你们是‘戴紫云冠的’[73]人民；你们一听到这些词，听到‘王冠’这个词，就按捺不住。任何人要满足你 46
们的虚荣心，说到‘鲜亮的雅典城’，用‘鲜亮的’这个也适合形容沙丁鱼的词，就可以趁此机会得到他想要的东西了！”[74]这种十分简单的恭维形式于是就保存下来；而在各种丧礼演说中，雅典人的功绩和荣耀被大加颂扬，让我们产生某种印象，即大量政治或司法演说中出现的这些颂词，能让人想起过去的辉煌。

但是这种形式的恭维不是最重要的，不是最虚伪的，也不是最危险的。而阿里斯托芬赋予它如此简单的形式是有点要简化它。实际上，恭维人民在任何时候意义都一样，就是要让人民相信，他们的希望是可以实现的，向他们允诺，如果他们想要征服，很容易实现，如果不想打

---

72 《论半岛》（*Sur la Chersonnèse*），70。文献的后续部分也是重要的。德摩斯梯尼断言，他可以和别人一样“指责、恭维、附和”，但是他说，“我一直坚持用一种值得我说给你们听的语言，虽不如其他许多语言受欢迎，但是如果你们听得进去，就能使你们的力量更强大”。亦见《第一篇反腓力辞》，51，《第三篇奥林图斯辞》，13 和 32，《第三篇反腓力辞》，3—4；63。

73 《骑士》1323 中也有这个词，而且实际上在抒情诗人的作品中也能见到。品达的一篇十分著名的酒神赞美歌（fr. 76, Snell）开头就是“辉煌的雅典，戴着紫云冠……”

74 《阿卡奈人》，636—640。

仗,生命和财产也安全无虞。恭维,就是让人高兴。这就解释了在修昔底德的著作中,煽动家克里昂为什么可以那么严厉、那么冷酷地对人民说话,却不妨碍在人民的愤怒需要抑制时,他能促使他们抑制,随后在受到成功的期望鼓舞时,又促使他们继续进行战争。

人们可以用一些数字来恭维人民,如果这些数字看起来令人鼓舞的话。也可以用一些行动来恭维人民,让他们得到一些眼前的利益,尽管于将来不利。恭维人民,就是许诺给予他们想要的东西,甚至给予他们这种东西。任何政治家都有强烈的欲望这样做。

这就是这些古希腊作家的分析揭露出的危害。在整个公元前 5 世纪,并且在公元前 4 世纪的一部分时期,这些分析渐渐确定了民众的盲目这种弊端的特征。原因、形式、影响都被指出来,并且这样鲜明地提出了这个问题,以至于政治思考不再能忽视它,而是自问是否可能从中
47 找到答案,或者得出结果。

二、提出的纠正措施

在公元前 4 世纪,民众的盲目引起的争议事实上左右着几乎所有作家的态度——其中包括参与国家政治生活和希望进行改革的人,或者还有先验地想质疑这种政体的原则本身的人。

对于第一种人,唯一可能奏效的行动是通过演说或著述来启发同胞的明智。这解释了平民派的代表们为什么总是耗费那么多精力来教导人民,指责人民,力图运用他们的全部口才来激励和唤醒人民的斗志。按照修昔底德所说,伯里克利的行动的特征就是如此:德摩斯梯尼的斗争的特征也是如此,他一直责备人民要么消极,要么行事轻率——他希望他们摆脱这种状态。是不是民主政体最热情的支持者,往往就从他们对人民斥责的严厉程度上看出来。

他们或许有点脱离公众生活,譬如伊索克拉底,从公元前 380 年开

始,他的许多论著就一直在向人民提起往昔的非常好的民主政体,以及一种能使民族繁荣强盛的政治应该呈现的合理形式。伊索克拉底和德摩斯梯尼,都自称是人民的教育者。而这种对教育的操心,是对前不久所受的挫折引发的争议的反应。

但是,伊索克拉底已经通过追念过去好的民主政体促使我们走上改革之路;而他的行动也意味着所选择的政体完全不再像公元前5世纪末的那种平均主义的和绝对的民主政体。人们实际上可以不去质疑民主政体的原则本身,而去寻求对它进行一些改革。公元前4世纪的理论家,没有一位不是这样做的,他们或者就是这样来确定他们认为充分的改革,或者只从中找到一种可行的最佳的替代政体。他们的思想无论起源和结局怎样,都在这点上相互交锋;而且他们的建议所产生的后果就确定了一种连续而严密的传统。 48

改革之路

两种平等的原则

在所有理论家的著作中,把除人民主权以外的有裁决权的职位授予最胜任的人,这种考虑起先是从一条普遍原则获得启发的。人们不再必须不加区别地让所有人都来参与政治事务:应该根据人的条件和长处来分配职务,以此来反对民主的平等。

这种观念事实上提供了一种纠正民主政体所有弊端的措施;而且人们可以反复采用这些词语来谈及其中每种弊端:人们在对民主政体实行节制的同时,也节制了许多过分行为。

民主的平等原本是以公正为基础的;而这种想法就是用另一种公正与平等来反对民主的平等,这另一种公正与平等则是以差异和比例为基础。

在公元前5世纪,值得注意的是,温和派赞扬民主政体时并不坚持平等，而是坚持一种面向所有人的竞争原则，挑选有才能的人，利用他们的才能。修昔底德笔下的伯里克利，就是这样用这种竞争和法律面前的平等对立来抵消其影响的："涉及属于各人的东西？对于私人纠纷，法律面前人人平等，而对于出任官职，如果有人在某一领域出类拔萃，那就不论他属于哪个阶层，而是看他的使他得到这些荣誉的功绩；相反，任何人只要能为国效力，决不会因为贫穷而被埋没。"[75]平等与有意寻求不平等的才能结合起来了。

然而，雅典的民主政体并非总是坚持这种考虑。支持一项改革的人也曾想明确指出应该给这种不平等位置。就连伊索克拉底这样一心想恢复"祖先的政制"和"往昔的"民主政体的人，也在《最高法院演说
49 辞》中，援引人的素质差别来为他的意图辩护："人们知道存在着两种平等，一种是所有人分得同等份额，另一种是各人分得应得部分。对城邦的组织机构最有促进作用的，是不无视其中最有益处的平等：不分好人和坏人，给予同等的东西，这种平等被当作不公正摒弃，而是选择论功过进行赏罚这种平等；按照这种平等原则，他们不再靠抽签从全体人民中挑选行政官来操持国事，而是把工作指派给最正派、最有能力的人去做。"[76]最后产生的这种关于人的能力的观念充分证明，区分这两种平等可以解决民众盲目的问题。

这就是我们在此首先援引它的原因。但是，如果认为这个观念是这一篇章特有的，那就大错特错了：它远不是孤立出现的。在伊索克拉底本人的另一篇题为《尼科莱斯》(*Nicolès*)论著中也发现过，我们读到，"尤其可悲的是，人们认为正派的人和无耻之徒命运相同"；应该区分开来，"所以不应该把同样的职位授予才能不同的人，要区分对待，根据才华授予荣誉"[77]。特别要指出，这个原则决不是伊索克拉底发明的，古希腊

75 修昔底德，Ⅱ，37，1。

76《最高法院演说辞》，21—22。

77《尼科莱斯》，14。

有关政治的整个一系列文献都贯穿了这个原则，在哲学家的著作中，采取的形式往往是区分“算术的”平等和“几何的”平等[78]。

人们不太清楚这种原则是什么时候出现的。肯定应该排除一种提法，说这似乎是从普鲁塔克的一篇著作中得出的，并且把这个观念归于斯巴达的传说的立法者：“毫无疑问你们知道，莱格古士在斯巴达消除算术均衡，他视之为民主和民众（*ochlikèn*）的均衡，采取适合一种明智的寡头政体和一种追求法律的王国的几何均衡”[79]：在这里，所谓的莱格古士的态度是用一些反映后世经验的词语描述的，而且这篇文献告诉 50
我们的，更多的是关于这些观念传播的情况，而不是关于它们的起源。不过人们可以追溯到一个毕达哥拉斯起源：因为有位毕达哥拉斯派信徒，学者阿尔库塔斯，就曾经在一种与政治毫不相干的背景下，明确提出过算术均衡和几何均衡，或类似的均衡之间的区别。[80] 而且，正巧在柏拉图的《高尔吉亚篇》（*Gorgias*）这篇文献中最早明确出现了这两种平等，即苏格拉底引证了毕达哥拉斯学派提出的宇宙秩序。他想据此来谴责卡利克勒斯的野心，而且他在提醒存在这样的秩序时，还补充道：“你没有注意到这一点，我认为，尽管你满腹经纶，但是你忘记了，几何平等在神祇和人类中都是全能的……”[81]

不过苏格拉底在这里没有把这两种平等对立起来，也没有把选择一种平等与政治上的取舍挂起钩来。可是，从《理想国》开始，柏拉图就和伊索克拉底一样，利用这种区分来反对民主政体的原则了。当他说到民主政体是一种快乐的、无政府状态的、五颜六色的政体时就是如

78　算术的平等直接比作数量上的平等；比例的平等建立了一个特征关系式 6/3 = 4/2；人们把算术级数（数列中每一个数与其前面的数的差都是相等的）和几何级数（数列中每一个数与其前面的数的比是相等的：如 2，4，8，16，以此类推）进行对比，从这个意义上，比例的平等就被说成几何的平等。

79　*Quaestiones Conviv.*，Ⅷ，2，4。

80　断片 DK B，2。

81　《高尔吉亚篇》，508 a。

此，“它对所有人都平等，无论他们是同等的，还是不同等的”[82]。他在《法律篇》中也这样说，荣誉和职位“按照合乎比例的平等尽可能平等地”授予人，他尤其提出了定义：“实际上存在两种平等，它们名称相同，但在许多方面几乎是对立的；一种平等，任何城邦和任何立法者能用在荣誉标志上的平等，是量度、重量和数量的平等……但是最真正的平等，而且是最好的平等，并不是所有人都容易看出来……给予最高贵的人多些，给予最卑微的人少些，按照每个人的品质来分配，例如对功劳最大的人，授予的荣誉最多……”[83]

在亚里士多德的伦理学论著[84]和开创了对正义观念的分析的《政
51 治学》中，这种观念也占据着重要地位。亚里士多德实际上对民主政体的正义与寡头政体的正义进行了区分：“例如，人们认为正义就是平等；它确实是平等，但不是对所有人而言的平等，而仅仅是对同等的人而言的平等；不平等似乎也是正义的，而且确实不是对所有人而言的正义，而仅仅是对不平等的个人而言的正义。然而，人们省略了‘对……而言’，于是作出了错误的判断。”[85] 同样的观念让亚里士多德能够摒弃某些有关国家的概念；所以他提醒说：“仅在一方面平等的人，并不必定在所有方面都平等，仅在一方面不平等的人，也并不必定在所有方面都不平等。”[86] 他还作为一个规律提出：“之所以有许多政制产生，是因为尽管大家在正义和比例平等上意见一致，但是都未能实现这种正义和平等……”[87] 他还再次确定：“平等有两类：一类是数量的相等，一类是依据个人价值的平等……如果人们一致认为绝对正义就是依据个人价值按

82 《理想国》，81。

83 《法律篇》，757 b—c；前面的一句引文见 744 e。

84 参见《尼格马科伦理学》（*Éthique à Nicomaque*），Ⅴ，6，1131 a，19 及以下，《优台谟伦理学》（*Éthique à Eudème*），Ⅶ，9，1241 b，1242，b。

85 《政治学》，Ⅲ，1280 a，11 及以下。

86 1283 a，25 及以下。

87 《政治学》，Ⅴ，1，1301 a，25 及以下。

比例分配的正义，但是，正如我们在前面所说，分歧就由此产生，一些人认为，既然他们在某一方面跟其他人是平等的，那就是完全平等的；而另一些人则认为，既然他们在某一方面跟其他人是不平等的，那就在所有方面都是不平等的。由此解释了主要存在民主和寡头这两种政体的原因；因为身份高贵的人和有功德的人很少，而身份和功德平平的人不计其数。”[88] 亚里士多德得出结论，应该把这两类平等结合起来：“所以，在这种情况下，应该利用算术平等，而在另一种情况下，利用依据功绩的平等。”

这种区分因此在所有有关民主和反对民主的思考中起了重要作用，其目的是要对民主的平等进行修正。它能对公元前 5 世纪发生的那种已经暴露出危险的民众无能的情况进行补救，方法就是结合其他不可改变的要求来采取这种区分的措施，并且限制它的适用范围。 52

温和的政制

其实，这种既要保留人民主权，又要避免其危险的考虑，主宰了所有意在建立介于民主和寡头之间的政体即混合政体的改革主张。

长期以来，雅典形成了一个改革派传统，这些改革派希望恢复“祖先的”民主政体，因为那种政体集中了民主政体和寡头政体的特征。依据意图或局面的不同，人们于是就提出温和民主政体或温和寡头政体：两者之间的差别可以忽略。但是，赞成、怀念或主张这种政体的人，其思想却是流派纷呈。在公元前 411 年短暂的寡头统治之后，这种政体暂时实行了一阵，修昔底德曾表示赞同。伊索克拉底在其唯一的一篇关于国内政策的演说《最高法院演说辞》中也充当了它的辩护者；色诺芬在《回忆录》中也间接赞美了它。最后，柏拉图的《法律篇》中的政体和亚里士多德宣扬的波里德亚政体（*politeria*）有许多特征也和它相

88　V，1，1301 b，29 及以下（翻译有改动）：句子的后面成分的涵义与其后的文字有争议。

近。此外亚里士多德在其《雅典政制》中，也称赞这种政体启发了公元前 411 年的雅典的政治智慧。

不能指望在这里详细阐述这种“祖先的”政制在实践中所体现的制度。况且这些制度常常也是很模糊的：按照支持这些制度的人所说，这仅仅是回归真正的雅典传统。为此有人把时期搞得都有点乱了（例如伊索克拉底就提到“由梭伦创立并且由克里斯提尼重建的”政体[89]）；而且人们更多地是强调道德面貌的改革，而不是强调制度：单单“道德秩序”的观念就曾经是，而且可能始终是一种政治纲领。

然而，只考虑散见于所有作家的著作中的这些重要特征，大致可以说，人们所怀念的，或者所希望的，或者只是所想象的这些做法，其目的常常就是通过削弱人民主权本身来减轻民众的盲目造成的影响。

例如，这个传统要求公民的人口数量是受限制的，或者至少是不增
53 加的。

它还要求职务的委任至少先进行预选。

它更要求对行政官的任职加以十分严格的限制。

最后尤其要求，而且会越来越要求，真正的管理是在人民的最终监督下，由行政官来实行。

此外，在这样存在的雅典民主政体中，由曾经行使过最高职务，从而满足这些职务所要求的条件的人组成唯一一个终身任职的议事会：这个议事会就是最高法院。拥护这种“祖先的”政制的人最喜欢夸耀的就是这个议事会。

如果举伊索克拉底为例，人们会发现，约在公元前 355 年，他就明确强调了最后两点。

他要求人们选举由人民指派和决定的，但其品质能使管理有成效的人：这是一些“正派的”、“有能力的”、“合适的”人，或者还如他所说，

89《最高法院演说辞》，16。

他们“可能有闲暇时间，并拥有充裕的资财，生活无虞”：他们不会从工作中捞取好处；伊索克拉底认为这样的人就非常理想：“这种民主政体把国家事务委托给最有能力的人，但是让人民对他们行使最高权力，还能找到比这更可靠、更公正的民主政体吗？”所以这就近似于间接民主政体了。

另一方面，自公元前461年厄菲阿尔特改革以来，议事会就不再有司法职务，可能重新成为一种宪法守卫者，一种最高法院，负责监督一般道德，如伊索克拉底的论著所说的“良好秩序”[90]。确实，这里涉及的改革，与其说是道德改革，不如说是政治改革。但是也很清楚，这种道德上的监督，在其改革支持者的思想中，意味着一种十分广泛的行动——为秩序、工作、协调一致以及回归一种更等级化的、更坚守以前的贵族传统而斗争。这可以说是一种“掌管”民主政体的方法。

涉及议事会的事务是雅典所特有的，因为太特殊，所以在哲学家的 54
著作中见到不多。人们仅仅注意到，柏拉图的《法律篇》末尾提到的著名的夜间议事会，以一种扩大的权力和威严扮演了更为重要但相对而言有点相同的角色。

而且尤其是柏拉图在《法律篇》中，恢复了旨在混合各种原则和各种制度的传统。他夸奖斯巴达实现了这种混合；他甚至还因为类似的理由夸奖祖先的政制[91]。在他本人建立的制度中，他使纳税准则与其他准则混合起来；他强调了行政官的作用。他创立了一些新的行政官职位；他规定一般的职务任期比雅典的职务任期长；他把一定数量的职位留给了富人阶层。他只把行政官履职和交出账目的考查任务留给人民。民主政体的原则得到维持，而防线增加了。

---

90 《最高法院演说辞》，37：*eukosmia*。

91 《法律篇》，Ⅲ，698 b：“我们有过一种传统的行政机构的制度，以四个纳税等级的划分为基础；我们的统治者是道德心（*aidôs*），使我们愿意以服从当时的法律为条件来生活。”

在亚里士多德的著作中也能找到相同的表述，但是是以宪法权利的词语思考的。

亚里士多德仔细区分了决议权、行政权（现代的执行权）和司法权。然而，只是在极端民主政体中，决议权才完全直接作决定。在其他政体中，其职能则大致全部被委托给行政官[92]。亚里士多德在对政体进行分类时，甚至采用了另一个词来指代这种通过有责任心并尊重法律的民主政体所体现的卓越的混合政体：这个词就是波里德亚（politeria），意思可以说就是卓越的政制，或者像人们往往翻译成的那样，就是“共和政体”。它的定义在这里还借用了温和民主政体的许多特征，这是毋庸置疑的。再说一遍，这是一种混合政体：“因为波里德亚总体上是寡头和民主的混合政体。但是在习惯上，当混合政体偏向民主政体时，就称之为共和政体，而当它偏向寡头政体时，就说它是贵
55 族政体。”[93]

换句话说，原则是相同的：始终旨在通过把平民的权力与更胜任、更有效的行政权结合起来，削弱平民的权力，减少其弊害。

因此很显然，哪怕是小城邦，所找到的弥补民众无能的方法也是一种综合方法，从权力委托方面看，它倾向于接近现代的间接民主政体。

何处找到“最佳人选”?

这些尝试在实践上尤其有意义。但是要以依靠最有才能的人为前提，且不说人们怎样定义最佳人选，怎样认识最佳人选。

公元前 5 世纪的雅典已经注意到民众盲目的问题：还得从行使惯了最高权力的人民内部找到能领导他们的远见卓识的精英；于是从那时候起，就出现了选拔标准的问题。

出身的标准还笼罩在某种功绩的光环下，贵族的世袭和教育都为

92《政治学》，Ⅳ，1297—1298。

93《政治学》，Ⅳ，1293 b。

它说明了理由。但是因为长期以来富人利益扩大的缘故,这种贵族已经遭到剥夺。“富”已经取代了“贵”;至于贵族的教育,也已经被诡辩家提供的教育取代,而富人也受到这种教育。就在民主政体实行权利均等之前,财富已经成为社会和政治荣誉的标准。它可以和聪明才智的标准相当吗?

有人是这样认为的。有人说富人不太可能受贿,决不会受蝇头小利引诱。还有人说,富人由于参与比较重要的事务,通常应该是比较专心的;在修昔底德的著作第三卷中,底比斯的寡头分子就是这样向普拉提亚提议的[94]。最后,还有人认为,富人已经拥有了管理财政的经验;这就是修昔底德的另一篇文献所包含的观点,一位民主信念坚定的演说家仅把这一种特权授予富人,他宣称:“虽然富人最会照管金钱,但是能 56
够提出最可靠的建议的当属智者,而作出最正确的决定的当属大多数人。”[95] 雅典政制的某些行政官职位的设置就受到这种原则的启发[96]。

然而,主要理由却在于提醒人们,在国防方面,富人比其他人贡献大;他们能够装备三列桨战舰,或者拥有战马或重武装。这个理由在战时可能重要;无疑这就是某些人提出的主要的正当理由,这些人像修昔底德的著作中那位演说家所指责的对手一样,主张“有钱人是行使权力的最佳人选”[97]。

其实,寡头派列出一份(原则上!)被允许参与国家事务管理的三千名公民的名单,他们的让步往往看上去是一种愚蠢的措施,决不可

94　修昔底德,Ⅲ, 65, 3。在民主派看来,一个类似的论据也适用于那些不以财富但以孩子作保证的人;而且修昔底德在其著作(Ⅱ,44,3)中借伯里克利之口宣称:“如果一个人不像其他人那样,在要扮演的角色中拿孩子作保证,就不可能公正无私地参与事务的决策。”

95　修昔底德,Ⅵ, 39, 1。

96　雅典政制至少在原则上把雅典娜国库官和财务官的职位留给第一纳税等级。有些人由此把它看作是预防因贪欲产生的贪污行为的措施。

97　修昔底德,Ⅵ, 39, 1。

能找到“最佳人选”[98],而这时一种牢固的传统却倾向于提出一份纳税人名单,把公民身份只授予对国防有用的雅典人,即重装步兵。

早在公元前 411 年,人们采取的措施就已经依据这个原则,而且文献也说:“所有政治权力将交给就其本人和财产而论最能为国效力的雅典人,人数至少有五千人。”[99]:这就是修昔底德和亚里士多德所赞同的
57 这种“温和”政府的原则[100]。

公元前 404 年,因温和观点而丧命的温和派领袖塞拉门尼斯似乎就有同样的愿望。在一篇被色诺芬归于他的演说中,他完全排斥两种人,一种人想要惠及奴隶或“穷得会为一个德拉克马出卖祖国”的人的民主政体,一种人想要由一小撮人组成的僭主政体:他希望“和那些能够或是用他们的战马,或是用他们的盾牌来保卫国家的人一起来统治”;不愿“剥夺诚实而杰出的公民的权利”[101]。

曾经的这些尝试,要么昙花一现,要么徒劳无功:这些权宜之计不合时宜。但是不管怎样,通过辩论,人们充分认识了这个有点虚幻的用心,要建立一种尤其倚仗传统的阶级优势:它的缺点本身有助于人们更好地理解,为何柏拉图在《法律篇》的政体中保留各种纳税制标准时,由于缺乏最佳标准也只得这样做。

也不存在现成的可以让人找到“最佳人选”的标准。这位在公元前 404 年恢复民主政体的领袖已经意识到,他的成功使这方面最后的可能的幻想彻底破灭。他在转向寡头派时,要求他们依据治国抱负的

98 塞拉门尼斯当时宣称,“就他而言,当人们想让最优秀的公民参与管理时,他首先就觉得愚蠢,一个三千人的团体——这个数字好像具有人所不知的奇效——代表了整个优秀人才群体,除了他们不再可能有可敬之才,他们当中也不可能有坏人……”[色诺芬,《希腊史》(*Helléniques*),Ⅱ,3,19]。

99 亚里士多德《雅典政制》,29,5;这里译作“为国效力”的词,更明确地指“富人承担公共事业费用”,包含自愿提供费用。

100 亚里士多德赞同五千人政体,他说:“在这期间,雅典人似乎得到很好的统治,因为正处在战时,政权由军人掌握。”(《雅典政制》,33,2)

101 《希腊史》,Ⅱ,3,48—49。

基础进行考查：依据正义？可是他们犯了一些甚至不以贫困为理由的罪行。依据勇气？可是他们战败了。依据智慧？可是他们曾经受骗上当……[102] 美德，各种美德，从此不再属于少数人。

但是这样一来，如果“最佳人选”只能靠挑选和投票来找到，那么就面临民众是否明智的问题。即使仅仅是在选择和监督这些职能上，或者在整体的重大决策上，人民能明智地行使权力吗？根据阿尔西比亚德所说的有名的话，民主政体是一种愚笨的政体吗？[103] 抑或可能就是最佳的政体？公元前 4 世纪的两位伟大哲学家柏拉图和亚里士多德用两种截然对立的答案回答了这个问题，他们分别通过重要途径为城 58
邦提供了完全不同的政治结构。

柏拉图：“真正的政治技艺”

柏拉图认为民众的盲目始终是最可怕的弊端：他的政治思想似乎就受反对这种弊端的愿望影响，首先探索城邦如何靠真实的能力来治理。

这里不复述他的一些文献，在所有这些文献中，他心怀恐惧地描述民众盲目的激情，或者解释错误和罪过相继发生的原因；直到处死苏格拉底，他才从本源上重新思考政治问题。显然，从第一次对话开始，他的思想就受到一种观念支配，即人不是生来就有政治方面的才能的：存在着一种政治技艺，而这种技艺就是正义。

这就是说，为了反对这种弊端，柏拉图没有再质疑民众大会的能力，而是超越这个问题，力图定义构成能力的东西，从理论上定义，不只是满足于模糊的概念，把它归于从表面上看最有天分的人。他曾经生活在民众激情盛行的政体下：他最终是要寻求一种管理国家的技艺，它

102　《希腊史》，Ⅱ，4，40—41。

103　修昔底德，Ⅵ，89，6。

不再是简单的例行公事，而是以对政治目的本身明晰的见解为基础。再没有比这更彻底的决裂了，再没有比这更激进的转变了。柏拉图思想的极端特征就在这里得到解释：弊端严重，纠正方法也就非常激进。

由于诡辩派创立了一种打算以政治为目的的教育，柏拉图的反对因此更激烈。于是最初柏拉图就从斥责这些假导师开始。

例如，《普罗泰戈拉篇》（*Protagoras*）以一篇声明开篇，这位大诡
59 辩家决定教授政治技艺（*politikè technè*）[104]；然而后面的对话承认，他打算教授的道德根本不是一门技艺。同样，《高尔吉亚篇》让另一位大诡辩家出场，此人断言，他传授给学生说话的技艺，也就教给了关于正义和非正义的知识。但是这种轻率的断言很快就招来批驳。苏格拉底向高尔吉亚指出，他说的技艺不是技艺：苏格拉底把它叫做恭维。选择这个词，无疑可以让人们看出，这是受民主经历的影响：煽动家们极力讨好人民，而修辞学就帮助他们实现这个目的。因此修辞学教育意味着要承认民众的激情有至高无上的权力[105]。柏拉图因此就觉得要把靠修辞学为生和靠哲学为生根本对立起来，并且作为原则提出，名副其实的政治技艺应该实现的唯一目标，是要让公民更有教养。可是，还没有一位政治家践行过这种技艺。诡辩家和政治家都只是一些“所谓的政治专家”。相反，力图定义正义和根本不承认其他目标的苏格拉底可以高傲地宣称：“我自信我虽说不是唯一杰出的雅典人，也是其中之一，是致力于真正的政治技艺的人，而且如今是唯一践行这种技艺的人。”[106]

104 319 a。人人都拥有一点这种政治技艺，但是有的人拥有较好的，因而可以教授它们。这使民众盲目的主题与所涉的价值标准的普遍性的主题一致（参见 M. Finley，同前书，p. 28）。

105 就是这个标志了与卡利克勒斯争论的发端，卡利克勒斯显得好像热爱雅典城邦的平民：“如果你表达一种意见，而民众持有和你不同的看法，你就热情地顺从他们，说和他们一样的话”；而且“只要人们没有阻止你这样说的爱好，你也就不会言行不一”（481 d—482 e）。这也是在所有有关顺着民意为民效力的大人物的篇章中出现的内容（517 b—518 e）。

106《高尔吉亚篇》，521 d；参见前面的 519 a。

人们可以把《阿尔西比亚德篇一》（*Alcibiade* Ⅰ）开篇的指责与这些针对假导师的指责进行比照：这回不再说到一位诡辩家，只是说到一位想当政治家的年轻人。立即牵涉到他的能力问题。如果他想给雅典人出主意，无疑是在那些他比他们知道得更多的问题上出主意。可是他从哪里获得这种知识的呢？是从教他的人那里获得的吗？人们看到他常常去请教一位导师，是这位导师教他分辨正义和非正义的？这位导师会对他不知道的东西提出建议吗[107]？人们在参与政治生活之前，60
不能不先经过学习和研究：首先得有自知之明，并且知道什么是美德。

学习，知识，掌握一门技艺，或者一门学问：所有这些词意味着作为任何政治思考的基础，要有一种基于哲学分析的能力。这把我们直接引向柏拉图主义在政治方面的两种最大胆的学说：一种是在《理想国》中提出的哲学家政府，另一种在《政治家篇》（*Le Politique*）中定义了被赋予拥有"国王的技艺"的人的最高权力。

《理想国》中的哲学家

如果真正的政治技艺就是以思考正义的本质为己任的苏格拉底的政治技艺，如果普罗泰戈拉和高尔吉亚之辈在这个领域是假导师，那么《理想国》以"正义论，政治的对话"为副标题，而且其中提出的问题首先是从国家层面上来定义正义，就不令人感到奇怪了。论著的行文同样说明问题：它首先定义正义，直到第四卷末尾，然后从第五到第七卷思考建立正义之邦的条件，以便最后把这个理想之邦的概貌与这种正义在其中不占优势的各种政体的缺陷进行比照。因此可以说，一个理想政体的标准是从关于正义的分析中推论出来的：政治学是根据它自己的目标来定义的。

表面上看，能力的观念在此并不是主要的。但这只是一个表象，产

107《阿尔西比亚德篇一》，106 d，109 d，113 b。

生的原因是这种观念在柏拉图这里有了一种比流行的意义更广泛、更严格的新意义;就是这种扩大了形式的观念控制着总体。

柏拉图首先把正义定义为城邦的三个等级或人类灵魂的三个部分之间的和谐一致,每个部分在其中有其特有的作用,并且在影响总体和谐一致的等级结构中有其位置。然而,与人类灵魂中的智慧和理性——必须是在其中起支配作用的智慧和理性——相符的人,就是国家中的统治阶级。柏拉图说,这个阶级拥有一门真知识(*épistèmè*):“我觉得我们所描绘的国家其谋划确实是明智的,不是吗?——是的。——然而,谋划的明智这本身显然就是一种知识,因为产生好谋划的不是无知
61 (*amathia*),而是知识。——毫无疑问。”“所以,一个自然形成的整体上被认为是智慧的国家,其名望应归于一个人数最少的团体,而且归于团体中最少的一部分人,并归于他们所掌握的知识,归于这个领导并管理国家的团体,而这种配得上智慧称谓的知识似乎属于一个由极少数人组成的群体。”[108]

任何交叠都不该发生:那样导致城邦毁灭的就是不公正。因此,一个工匠决不应该有进入兵士阶层的念头,或者,一个士兵不应该有“无论能力如何”都可以进入国家决策群体的念头[109]。因此与民主原则完全相反,国家只由懂管理的人来管理。

他们是什么人?怎样找到这些人?柏拉图就是在这个问题上面临他的“第三个浪头”,并且提出最难让人接受的观念,他专门为此写了两卷多篇章。懂得管理国家的人是真正理解正义的人,即哲学家。主张哲学家为王的说法是有名的;但是,当人们把它和青年柏拉图的几十年的经历联系起来,并且揭露民主的盲目时,就获得了新意。与那种盲目相反,这种说法构成一种极端和坚决的反应:“除非哲学家成为国王,或者那些目前称王的人成为真正和严肃的哲学家,而且人们看到政治权

108 Ⅳ,428 b 和 e:改动过的译文。

109 《理想国》,434 b。

力与哲学在同一主体上结合起来，除非另一方面有一部严格的法律防止那些没有本领兼顾政治和哲学的平庸之辈参与国家管理，否则，亲爱的格劳孔，祸害就会层出不穷，不仅国家，甚至我相信，就连全人类都将毁灭。”[110]

多么大胆的愿望啊！柏拉图在这里否认是在追求一种不可实现的理想；他希望看到这种梦想在他的时代因为他的努力得以实现，他在西西里的游历甚至就流露出这种执着的希望，但总是落空。可是尽管这种希望非常虚幻，在他看来却是唯一的希望。而且这种坚持到底并且 62
体验其青年时代经验教训的热情，具有某种特别感人的东西。

但是，这还不是他的计划中最有抱负的部分。让哲学家掌权难，培养名副其实的哲学家更难。也是在这点上，人们可能希望发生一个奇迹：一位真正的哲学家诞生，活下来，而且他本人就待在这些堕落的城邦里！……可是，柏拉图要说明，这些准备成为完美护国者的哲学家是如何就在所定义的城邦里培养出来的。一个新的要求因此产生：成为哲学家，成为能治国的哲学家，这是毕生的工作。因为靠各种知识，然后靠雄辩术，直至用善的观念来提升自己的水平，由此走出洞穴，这不是一件小事情。人们只让集全部天资和美德于一身的人走上这条道路[111]。从他们的幼年开始，就对他们进行一系列挑选，30 岁之后就引导他们学习雄辩术；到 50 岁左右，只有天分极高的人，经过不断磨炼，才算修成正果。

在民主政体预想的人人等同的能力与这种靠一系列循序渐进的不懈努力培养出来的智者的哲学之间，对比是全面的：柏拉图用一个极端反驳另一个极端。但是他的反驳是有道理的，是他从所了解的弊端本

110 《理想国》，473 d。

111　在第三卷中，柏拉图在披露他的伟大计划之前，就已经明确指出，护国者应该经受许多种考查，以便人们“以甚于烈火炼真金的细心”来对他们进行考验（413 e，参见 503 a）。

身得出的，具有无情的严密性。

这种关于政治目的的认识的萦念，想必几乎从未从他的思想中消失过。它以不同的形式又出现在《政治家篇》中。

《政治家篇》中的“国王的技艺”

《政治家篇》可能是未写成的《哲学家篇》的姊妹篇，所以在这里，问题也不是要把哲学家当作君主对待，而是定义政治家的专有技艺。然而“知识”的重要性一点没有丧失，它甚至成为衡量一个政体品质的
63 唯一标准。因为我们读到：“我们没有发觉吗？应该用来区分这些政制的特征，既不是‘少数人’或‘多数人’，也不是自由或压迫，也不是贫穷或富裕，而是存在一种知识，如果我们希望和我们的原则保持一致的话。”[112] 在随后的两页中，每隔六七行就再次出现 *épistèmè* 这个词或同类的词[113]。因为这种“知识”是最重要的。人们探究哪一种政体最能保证这种知识发挥作用；这种政体并不一定是人民主权：“那好，我们相信一个城邦中的大众能获得这种知识吗？——怎么相信？”[114] 但是人们也不能指望五十人或一百人的才干，因此最有希望的就是将权力授予一两个人。而这就是由这条独特的标准确定的政体！而且如果这种知识存在，其余的就不再重要了：“这些人，不论他们是否按照臣民的意愿来统治，不论他们是否借鉴于成文法，也不论他们是富裕还是贫穷，按照我们现在的想法，既然他们按照不论什么形式的技能来统治，就应该把他们当

112 《政治家篇》，292 c。

113 292 d，292 c（重复出现），293 c，293 d；在 293 a，293 b 还出现了 τέχνη，Diès 把这个词译为“compétence”（技能）。*épistèmè* 就是奠定 *technè*（技艺）的东西，*technè* 就是运用 *épistèmè*。

114 292 e。参见 297 b，其中意思就是说“一个人数众多的集体，无论怎样，都决不可能足够完美地拥有这样的知识，以至于能够明智地治理一个城邦”（νοῦ）；亦见 300 d，其中说随便什么个人或随便什么群体都不能违背法律行事，因为他们“没有知识”这样做。

作统治者。”[115]

这段文字的下文是著名的：因为这位真正的统治者掌握了知识，就被置于法律之上；并且把他和医生比较，他根据各种情况提出适当的建议，比医生一劳永逸开出的处方管用。拿医生来比较的类似例子占了好几页[116]，而且稍后又以船长举了类似的例子：所要求的哲学因此就在《政治家篇》中又出现了；只是它更多地具有技艺方面的形式。这时目的完全指向人的能力。 64

然而，柏拉图所用的词想必不会使我们糊涂：这种技能，这种知识，这种技艺，始终是属于伦理和哲学范畴的。古希腊人最主张人要有政治方面的被称做技艺的知识，他们所考虑的东西跟现代技术官员所考虑的完全不同。

两者的差异在一定程度上可从两种社会的差异来理解。在小小的雅典城邦，一切事务都比现代大国简单；人们不经过特殊培训也可以处理政治问题，而且所涉及的原则比较明确。直接民主政体的属性也避免了传达、通知和安排的问题，而在间接民主政体中，这些起着非常重要的作用，而且更多的是需要专家，而不是思想家。因此，我们所理解的技能与柏拉图或者他的同时代人用相应的希腊词语表达的技能毫无关系，那些词语的涵义更加丰富[117]。

此外还由此产生了一个差异：虽说对人民而言，技术官员的知识比柏拉图想要的知识更加陌生，但是可以通过学习来获得。可是柏拉图的国王技艺是一种理想，它的实现几乎就是奇迹。

他自己就认为这是一种极限的情况，几乎就是一个梦想。他提醒说，因为事实上“在城邦中，决不会像在蜂房产生蜂王那样，立即产生身体和灵魂具有独一无二的优势的国王”。因此实际上要学习法律，而且

---

115 《政治家篇》，293 a。

116 293 a—298 a。

117 关于差异，参见 M.I.Finley，pp.6—7。

一面坚持理想，一面采取一种不完善的政体。

正是在这种前景下，需要理解《法律篇》中的更现实的政体，以及恢复某种民主政体。

因为，虽然理想上哲学家国王的政体是最好的，但由于它并不存在，因此就不得不从各种不完善的政体中选择缺陷最少的。

从希罗多德时代起人们就知道，一人独裁的权力只有当此人的优点是真实的时候才是好的：僭主政体的缺陷是人所共知的。所以当大流士在波斯谋反者的辩论中要人们采取君主政体，而不要采取其他两
65 种政体时，他留心表明他掌握了最好的假说，根据这种假说，这些政体每一种都是尽可能好的："尽可能好的民主政体，同样寡头政治也是尽可能的好，君主政体也是尽可能的好"；于是他得出结论："如果独裁统治者最好，那么实在没有什么政体显得比独裁更可取。"[118]

在《政治家篇》中，柏拉图确实又发现了这种区别。对话结束后，当他从其理想的国王回到实际的政体时，他承认观点发生了变化。根据人们所掌握的假说，给予民主政体的地位彻底改变了。如果依据最好的方面选取政体，民主政体是最差的；如果依据最差的方面选取政体，那么相反它就变成最好的了。[119] 换句话说，在民主政体下，人们冒的风险最小。理由很简单，和别的政体相比较，由于权力在许多负责者之间分配，由此组成的政府"在所有方面都不强，无论好事还是坏事它都没有强大的力量去做"[120]。所以民主政体犯错误的可能性比盲目的专制主义犯错误的可能性小。

这样力图使弊端最少，即解释了为什么在《法律篇》中，柏拉图在描述了最佳政体之后，认为应该描述一下在他看来只可能最好的政体。

118 希罗多德，Ⅲ，82。

119 参见《理想国》，576 e："对整个世界而言，显然没有比僭主制国家更不幸的国家，也没有比君主制国家更幸福的国家。"

120《政治家篇》，303 a。

正如人们能够预料的那样，他作为模范的政体却不是民主政体。民主政体有太多的地方需要纠正：在他看来弊端最少的政体是混合政体，其各种性质是温和的，而且是均衡的。

亚里士多德与人民的能力

至于亚里士多德，情况不再完全相同。诚然，他有时候也跟着说，如果君主政体是最好的政体，那么僭主政体就是最坏的政体[121]；但是他更 66
注重分析实际政体的适应力，而不是创立独特的政体的结构，他很少强调这个方面，并且对这个方面不抱一点期望。他比柏拉图现实，对民主政体也更加宽容；而且他了解民主政体，因为他敢于直言反对这位被他称为“先驱”的人，宣称在他看来，所有政体都有缺陷，并且拒绝偏爱寡头政体：“它只会是更恶劣”[122]。他也偏爱混合政体，而保留意见比柏拉图少得多；人民主权的原则本身在他看来合理得多。

显然，不对他着手给予理论证明的公民大会的能力进行新的思考，不可能有这种观点。

他认为这种能力正是在于群众的集体特性，群众的各种才能混合为整体的才能。

这决不是一个与亚里士多德以前的古希腊思想无关的概念。人们可以把它跟一种医学学说联系起来，这种学说要求相互对立的体液或各种营养物质之间达到平衡。在修昔底德的著作中，阿尔西比亚德就已经强调了这种结合的优点：“这里我们拥有一个很好的传统：这就是

121 不过，他在《尼格马科伦理学》，Ⅷ，12，1160 b 中复述了柏拉图的见解：“僭主政体和君主政体完全相反，因为僭主追求他个人的利益。而且在僭主政体的情况下，人们更明显感觉到它是最坏的变态，有最好的，反过来就有最坏的”（Tricot 译本）；亦参见《政治学》，Ⅳ，1289 a：“最优秀而且最神圣的形式，其变态必定是最坏的”。

122 《政治学》，Ⅳ，1289 b，10—11。

我们的祖辈让年轻人和老年人在一起共同商议，把我们的事业提升到很高的地位……因此你们要承认，年轻人和老年人，谁离了谁都会一事无成，但是，获得力量的真正秘诀，就是让最无能的人、能力平平的人和真正完美的人结合起来。”[123]后面我们还有机会再见到这段文字[124]：只是因为它在公元前5世纪就成了对亚里士多德的分析的预告，并且因为通过对比显示出它的丰富涵义和独创性，在此才具有了一定的重要性。

67 亚里士多德这位关于混合政体和中庸政体的大理论家，其实已经根据这些情况以及其他同类情况对平民最高权力进行一种大胆的辩护：按他所说，民众团体不比构成该团体的个体差，甚至胜过最有能力的人。

在《政治学》第三卷，他直言不讳提出了民众盲目的问题，并且列举了人们对于民主政体可能提出的异议，他打算与之辩论。他写道：“把最高权力授予群众，而不是授予少数最有能力的人，似乎会存在某些困难，但其实都是可以解决的。”[125]

这些困难被依次进行了研究：解决方法始终是发现构成集体的群众具有胜过精英的优点。他从一开始就坚定地提出了原则：“因为尽管群众是由孤立地看没有突出优点的个人组成的，但是，一旦这些个人联合起来，就显得胜过那些有突出优点的人——不是以个人的方式表现，而是以集体的方式表现：这就像人们凑份子在一起上馆子，饭菜要比单独一人花钱吃的饭菜好得多[126]。因为他们人数众多，每个人都有他的那部

123 修昔底德，Ⅵ，18，6。

124 参见下文，第150—151页。

125 1281 a。这句的文字十分可疑，这里我们采纳（Thurot所作的）两个纠正；它们也不确定，但是通过论证的结果看大致意思是对的。

126 亚里士多德在稍后1286 a反复说到这种情况，好像这是不消说的。赫西俄德已经说过这种就餐方式：“更有乐趣，花钱更少”［《工作与时日》（*Travaux*），723］。这在以实物分摊的情况下想必尤其真实。

分道德和智慧,而他们联合起来就使群众成为一个整体,手多,脚多,感觉多,同样性格和智力也具有丰富的形式。这也就是民众能较好地评价音乐和诗歌作品的原因[127]:如果每个人给一部分好评,那么所有人就给出整体的好评。”真正的美难道不也是由诸多色彩汇合成的吗?其中这种或那种色彩,孤立地看也许并不被人接受。

这种说法跟民众固有一种盲目特性的说法完全对立,那种盲目产生于集体的冲动,能够掩没个人的明智:人多在一种情况下保障了优 68
势,而在另一种情况下又是产生狂热的起因。甚至分析的原则都是相反的:群众的缺点在于强迫所有人同化,而群众的优点就在于其中个人都始终保持着差异。此外,亚里士多德很清楚,他的论点是大胆的,而且是新颖的。他承认,野兽组成的群体不可能具有他所描述的优点,而某些人群就和这种兽群相似。但是他撇开这些极端情况,他坚持说,一般情况下,“我所说的都是对的,无可否定”。

这种坚持值得尊重。人们可能只是在想,对亚里士多德来说,做到这种坚持更容易些,因为他不是雅典人,而且没有亲历过公元前5世纪末的民主狂热:他的见解跟柏拉图的不同,不带那么多偏激的回忆;他的见解更客观,也许还带有更多的书生气。此外这个见解是在马其顿胜利之后提出的。

不管怎样,他念念不忘这种对集体品质的分析:在下文中它一再被提到,并且顺便补充一些论据或比喻加以充实。

例如,亚里士多德首次提议不要让群众担任高级职务,而是给予他们参与商议国家事务的权力以及审判权——因为这两种权力是集体行使的。他说,梭伦已经把选择行政官和核查账目的事务委托给人民,不允许他们以个人名义来操持这些事务。为什么?因为“大家联合起来就有足够的判断力来做这些事情,而且和最优秀的人在一起,他们就能

127　这里与柏拉图意见相左显而易见。

为国效力，就像一种食物，其中杂的养分和纯的养分混合起来，比数量少的纯的养分更有益”。

现代的陪审团就是依据这种原则建立的：人们要求这些陪审团把每个人的经验和感受结合起来，对被告人的罪行发表尽可能公正的意见：剩下的事就由法律和称职的法官去办。亚里士多德作为柏拉图的弟子不会不知道，实际上有时可能需要一种更强的能力。只是应该分清范围，考虑各种情况。无疑这就是亚里士多德坚持要改变柏拉图的
69 比喻的原因。柏拉图创立政治学时举了医生的例子。在他看来，只有医生能评判别的医生，就像只有几何学家能推举几何学家一样，就是说应该具有这方面的能力。但是亚里士多德不担心这个：他认定人们可以在这些方面得到培养，但并不因此就是专家——这还是中庸之道！由于有这种观念，他可以反复说，即使每个个人都不如专业法官有经验，但是联合起来就和他们相当，甚至超过他们。再者（这又是一个独到之处）除了专业能力，他还恢复了使用者的权利：“评判一桌宴席是好是坏的，不是厨师，而是客人。”

然而，被认为没有能力担任财务官和将军的人却有权来评判财务官和将军，这岂不是矛盾？亚里士多德回答说，也许不矛盾，而且他再次重申了同样的观念：“因为履行这个职务的不是法庭、议事会或者公民大会的一位成员，而是法庭、议事会或人民；不过，所提到的个人只是组成人员（我的意思是说，法庭、议事会或公民大会的成员），因而最高权力理当属于最大多数人。（……）再说，甚至集体取得选举权的纳税额也比履行高级职务的人的纳税额高，不论履行高级职务的是个人，还是人数有限的团体。”[128]

在谈及法律的首要作用，然后又谈及政府机构时，亚里士多德依然

128　1282 a。这有点像《高尔吉亚篇》中苏格拉底的第一个论据：“这岂不符合大多数人比孤立的人更强大这种常理”；不过，苏格拉底的这个在古希腊思想中并非独创的论据，是被亚里士多德按照迥然不同的意义采用的。

坚持同样的观念。他用一句话排斥了门第或财富、贵族的标准:"如果不是个体地而是整体地来看群众,往往根本无法否认他们比少数人更优秀、更富裕。"[129]

为民众的素质和明智进行这种辩护,是基于对政治行为所具有的特质的一种敏锐见解;进行这种辩护的时机,是雅典的政治生活已经不再紧张激烈,并且由于经济危机和连续的战败,民主政体已经衰落,不 70
再被人们关心。但是,在如此动荡的这两个世纪的历史时期终结时,它却这样又把我们带回到离起点十分近的地方。

希腊人的思考首先投入让所有人都行使职责这种令人快乐的冲动;后来就认识到这种冲动的危害性;一些人迷恋这种政体的优点,另一些人则担忧其隐含的危险,而雅典本身就因这些人之间的冲突撕裂。然后雅典就去寻求一些更温和、更不切实际的补救方法;到最后,它就或多或少又回到往昔的理想。

不过,说倒退是不确切的。在这期间,其原则被亚里士多德捍卫的最高权力已经定义,并规定了权限;它被授予一些统治者,而且永远服从法律。随后,它不再用每个人的权利这种朴素的观念,而是用所有人的利益的观念来证明自己合理;而且它的基础不再是人人能力相同这个初级的概念,而是一种深入的分析,认识到集体的能力比众多个人的能力加起来强。

因此,这种思考只是从表面上看起来是倒退的。从一个作家到另一个作家,这种思考一点一点地探讨了这个问题,每次都提高一点,并且整体上变得更有觉悟,更加大胆。

129　1283 b, 34(经过修改的译文)。同样,各种标准都给予群众优势,"因为这个大多数人的群体整体上比极少数人的群体更强、更富裕、更好"(1283 a 末尾),参见前一条注释。

雅典的奇异经历的意义

我们逐步追踪将近两个世纪的雅典历史，于是发现民主政体可能产生的重要问题之一在许多方面逐渐明确起来：雅典历史就显得是智力的一种连续而且前后一致的奇异经历。

最令人惊奇的是，25 个世纪后还保留了这种经历的一种意义。这种载入史册的经历，从这个词的完整意义上说，通常想必依然是特殊的。它曾经涉及一个确定的、拥有独特的制度的民族[130]；内部和外部的
71 一些复杂情况曾经决定了它的发展方向。尽管如此，作家们已经懂得分析他们曾经参与的经验，赋予它一种十分广泛的意义和一种非常典型的价值，以至于在经历时就确定了未来的任何思考的范围。信仰民主的行为，或者对民众盲目的谴责，仍然符合希腊论据的形式，而且作家们的一部分力量无疑就应通过许多中间因素归功于它们。

这里不应该见到偶然性的作用。修昔底德希望他的记述像他所说的，是“永恒的宝库”：古希腊人关于民主政体的思考完全服从同样的
72 目的。

130　此外需要指出，虽说在现代世界大国，人们通常必须接受间接民主政体，但是由于调查统计信息技术的发展能让人们重视日常舆论，因此却接近这些古代的直接民主政体。

第二章

民主的无政府状态

摆脱民主政体的最佳方法之一，就是厚着脸皮处心积虑地滥用它，使它最终在放纵和动乱中自行垮台。

——让·多麦颂（J.d'Ormesson），
《费加罗报》，1975年2月6日

在古人区分出来的三种主要政体中，民主政体是唯一一种其名称不表示一种行使最高职责的最高权力的政体：君主政体（mon-archie[1]）把这种职责赋予单独一人，寡头政体（olig-archie[2]）把这种职责赋予一小群人；当“民主政体”（démocratie）这个词造出来以供比照时，有许多原因使这个词避开了 dém-archie。德布吕纳（Debrünner）先生专门研究了这个词[3]，他指出了两个原因——一个原因，是已经存在“démarques”这个词，是在阿提卡的被称为“dèmes”的分区执政的行政官；另一个原因，是民主政体的特征更多的是原则主权——人民主权，而不是行使一

1 mon- 表示单一的意思。——译注

2 olig- 表示小、少的意思。——译注

3 在 *Festchrift Ed. Tieche*，伯尔尼，1947，pp.11—24 中，尤其参见 p.19。

种具体职能[4]。按照词的狭义，和君主政体和寡头政体对立的民主政体，是一种无政府主义的政体(an-archie)。其中人人都行使最高权力——换句话说，就是任何人都行使最高权力。或者更确切地说，最高权力以法律来体现；而对法律的丝毫违犯就打开了通向无政府主义的大门。

显然，古希腊人只是缓慢地而且是逐渐地以其政治的形式感觉到这个危险。首先是在一种军事背景下遇到，并且在社会环境下间接地
73 遇到。

军队的无纪律

人们最初说起无政府状态时，说的是士兵在战斗中不守纪律[5]。因为在作战时需要一些首领，或者最好是一位首领。人们在《伊利亚特》中就已经读到，拥有一位能力超群的统帅是胜利的关键："我们阿开奥尔特人，并非人人都能当国王。首领太多派不上用场：只有一人能当首领，只有一人能当国王！"[6]

但是根据情况，命令可以由一个人发出，或者就由法律发出；而且很快看起来，对像古希腊人这样的自由民族来说，胜利取决于正确的命令，而正确的命令又取决于服从法律：于是遵守法律保证了他们的安全。这种形式的服从，在于为自己找一个对大家都公平的永久的主宰，而且在于通过服从来显示其自由，它想必在米堤亚战争期间表现得淋漓尽致，当时希腊的政体是和波斯及其专制统治对立的。除了希罗多德记载的波斯国王薛西斯与在其宫廷里避难的斯巴达人德马拉特斯的

---

4 "Aristo-cratie"（贵族政体）似乎就是按照 démo-cratie（民主政体）这个词的模式构成的。

5 参见《伊利亚特》Ⅱ，703 中这个词的用法。例如这种纯技术的用法在希罗多德，Ⅸ，23，或埃斯库罗斯的《请愿的妇女》，906，以及后来还在柏拉图的《法律篇》，942 a—c 中。

6《伊利亚特》Ⅱ，203—205。

那段著名对话，再没有一处能把这个观念表达得那么好。国王对由自由和独立的人组成的军队也表现得相当勇猛感到吃惊，他问道，“如果他们人人都一样自由，又不服从单独一人的指挥”，怎么能经得起敌人的攻击呢？（……）“如果他们像我们一样，人人都服从单独一人的权威，那么出于对主宰的畏惧，就会表现得甚至比在原本自由的情况下还要英勇，而且，即使他们人数少，在皮鞭的逼迫下，也会去攻击人数众多的敌人；让他们行动自由，他们就会无所适从”。对此，德马拉特斯的回答是要用法律来控制：“他们是自由的，但不是在所有方面都自由：他们有一个主宰，就是法律，他们畏惧法律甚于你的臣民畏惧你；至少这个主宰要他们做什么，他们就得去做。”[7]

这里说的是军事纪律，而在这点上，下文没有留下任何疑问：“然而，这个主宰总是命令他们要做到一条：不管敌人有多少，不能临阵脱逃，而是坚守阵地，要么打败敌人，要么阵亡。”[8] 但是这种争论在纪律方 74
面把各种政治制度对立起来这一事实已经让人领悟到，良好秩序这个问题可能也关系到城邦生活本身。纪律显然在和平时期也起作用，而且具有制度的功能。

德马拉特斯认为不存在任何疑难：他说到斯巴达，其纪律严厉天下闻名；他还说到重装步兵，他们经受过长期训练，因为对于一场战斗而言，最严格的秩序是至关重要的。可是从这个时期起，雅典处在民主政体下，重自由而轻秩序。再者，她的海军也开始显得比陆军重要，这要求进行另外一种训练，要求一些不同的优点。在米堤亚战争后，这个双重特征显得更为突出，从而也同时改变了社会和道德的价值标准的角度和标度。

水手属于平民阶层，没有家族传统，没有受过教育；此外，他们的军

7　希罗多德，Ⅶ，103—104。

8　这在西莫尼德斯为在塞莫皮莱战役中为因“服从斯巴达法律”而死的死者所作的著名讽刺短诗中也有。

事活动导致他们行动更敏捷，而不是抵抗坚决有力。虽然他们凭经验能在作战时秩序井然地运用兵力[9]，可是一上岸，他们就不是守纪律的模范了。至少就是这一点让人联想到文献提供的证据。例如我们还可以援引欧里庇得斯作品里的两段，形象地表现了“无政府状态”这个词：两个例子都涉及水手，而且谈到他们对妇女表现出的无礼。一段出现在《赫卡柏》中，其中老王后说：“在一支人数众多的军队中，群众没有规矩，水手们不遵守纪律（*anarchia*）比火还坏：不干坏事的人倒成了坏人。”[10] 另一段在《伊菲革涅亚在奥利斯》中，克吕泰涅斯特拉说：“我来
75 了，你瞧，一个女人身处无纪律（915：*anarchon*）的水兵中间，他们作起恶来肆无忌惮，可是如果他们愿意的话，也是能宽宏大量地帮助人的。”这里问题已经不在于军事上的不服从纪律，而是在于一般情况下的不服从纪律；社会的差别超过了军队上的差别，而且可以说加深了这种差别。

事实上，所有的贵族作品都有点注重骑兵和重装步兵，蔑视水兵。

寡头政治的小册子《雅典人的政制》的作者指责的就是水兵：他承认，在雅典，穷人和平民获得的好处比贵族和富人多是合理的，因为平民构成了海军队伍[11]；国家因此就掌握在“坏人”手里。不过，作者除了指责他们无知（这是前一章的问题[12]）外，还指责他们无秩序，即“无纪律”（*ataxia*）。此外他还指出，这种无政府状态蔓延到了奴隶和侨民，他们外表上和平民几乎没有区别，而且生活上极度“放纵”（*akolasia*）；他还具体提到由此产生的无秩序的状况：这些人在街上遇到长官不会

9 可是，阿里斯托芬在喜剧《青蛙》（*Grenouilles*）中描述了从公元前 5 世纪初到世纪末的演变，他说：“现在他们要抗拒命令，不想划桨，让船随波逐流。”（1076）

10 《赫卡柏》，606—609；607 句几乎全文照搬地被用于一个来源不明的喜剧段子中（Kock，Ⅲ，1242）。欧里庇得斯这段作品的后续部分提到水手中存在一种比赛作恶的现象，颠覆了价值标准：“不干坏事的人倒成了坏人。”

11 《雅典人的政制》，I，2。

12 参见上文，第 19—20 页。

闪身让路[13]！整个雅典政治就在这些“坏人”手中，所以决定显然就是为他们的利益作出的，丝毫不关心公共利益。

同样，水兵地位的晋升无疑也间接引起了关于勇敢的争论，当时这种争论非常多——其中就有在修昔底德的著作中出现的辩论，在这些辩论中，人们寻思，真正的勇敢是斯巴达战士的固有特征，还是雅典水兵可以获得的美德。[14]

尤其是在公元前4世纪，在柏拉图的著作中，对重装步兵的美德的偏爱表现鲜明。在他看来，水兵是下贱的人，他们的作战方式更加剧败坏。在《法律篇》中，他还拒绝靠近海边建立城市，因为靠海会由于发展贸易而使城市遭到袭扰，而且会“在人们的灵魂中产生变化无常 76
的不道德的习性”。[15] 此外，对一个城邦来说，从重装步兵的战争转到水兵的战争是一个大错，因为这会“养成一种习惯，老是急急忙忙出发，又急急忙忙退却，连滚带爬跑回军舰，害怕在遇到敌人攻击时被当场击毙，觉得这样做并不可耻，对溃不成军也觉得理所当然，并且还振振有辞……”“狮子若有了这种习性，惯常见到母鹿也会逃之夭夭的。”最终招致社会的谴责，它在很大程度上解释了抨击激烈的原因：海军为一些“来自随便什么地方和没有什么值得称道的人赢得荣誉”。

于是，就在打仗时水兵显得比重装步兵重要之日，秩序的优点丧失了。然而，也就是在此时，这些出身卑微却在萨拉米斯战役中拯救了雅典的人，开始在雅典产生一种决定性的影响：这就是优点与危险并存的真正民主政体的开端。这种变化不会把被贵族痛斥的水兵身上的那种无纪律、放荡不羁的习性带进政治习俗中吗？而且公民身上难道就没有这种缺点吗？

这个可想而知。一场战争所采取的方式往往会在道德和政治上造

13《雅典人的政制》，Ⅰ，10。

14　修昔底德，Ⅱ，87—88。

15《法律篇》，Ⅳ，705 a。随后的引文引自706 c和707 a—b。

成一些影响。支持者充满英雄气概的争斗不对政治习俗和所有一般习俗产生影响吗?

因此,人们见到遭贵族诟病的这些缺点不感到奇怪,这些贵族总是悲叹民众的无秩序,依照不同情况把它叫做不遵守法纪 (*akolasia*) 或失序(*ataxia*),有时也称它是无法规(*anomia*)。但是社会方面的指责只是在很久以后才和政体本身发生联系。而且甚至在那时,这种联系也不是人们所预料的那样。

民主的无政府状态实际上只和民众目无法纪有关系。如果根据文献来追溯这种无政府主义的兴起,以及它在公元前 5 世纪末的危机
77 中的成功表现,差别就清晰地显现出来。可是,尽管雅典人意识到这种弊病的征兆,并且倾向于谴责它,但甚至在那时也不知道去了解它的性质。必须等到公元前 4 世纪,它采取了一种新的形式,才为抽象思考提供一个确定的主题。

一、公元前 5 世纪的危机

最早的警报

显然,政治无政府状态的危险长期以来就为人所知。从公元前 6 世纪初起,梭伦本人就已经估计到它的存在。他在平民和贵族之间扮演仲裁人的角色,自吹具有威信,处事公平,可以在两者之间保持平衡,从而避免发生失序。他写道:“我不让任何一方依靠不公正占据优势。”[16] 在他看来,问题在于是否节制:“如果人们一起克制自己,不过于放纵,也不过分强迫,平民就会更紧密地追随他们的领袖。”但是不管怎样,必

16 这里援引的各个断片都是亚里士多德的《雅典政制》第十二章中的,常常也存在于普鲁塔克的《梭伦传》(*La Vie de Solon*)中;按照断片 24 所说,法律已经成为民主秩序的保证,关于这个较为可疑的例子,请参见拙著《论希腊思想中的法律,从起源到亚里士多德》(*La loi dans la pensée grecque*), pp.14—15 的讨论。

须“遏制平民”:“如果有另一个人,一个邪恶贪婪的人,代替我手执刺棒,他岂能遏制平民。”因此,这位雅典民主政体的创建者已经觉察到随着民众的独立自主而来的危险。他拟定的法律,以及为迫使雅典人遵守这些法律而采取的预防措施,就出自这种意识,出自这种担心。无政府状态与法律的冲突开始了。

然而,梭伦失败了——从僭主政体中止他所创立的政体这个意义上说。在推翻僭主政体后,民主政体恢复,并且迅速获得进步——首先是在克里斯提尼统治下,然后是在厄菲阿尔特和伯里克利统治下。而就在这个时期,一个新的警报响彻世界:由于《俄瑞斯忒斯》的作者赋 78
予了它壮观的形式,它一直流传到我们这个时代。在梭伦去世一个多世纪后,埃斯库罗斯发表了同样的看法,但是这时候民主过度的危险有了真正的名称——无政府状态。

就在新民主政体形成并削弱了议事会的权力之时,《俄瑞斯忒斯》上演了。埃斯库罗斯没有为这个议事会主张一些政治权力,他强调了它应该继续发挥的,并且在城邦生活中占主要地位的精神的作用。三部曲通过雅典娜的评判来结束,她向人民郑重提出忠告,为他们确定了显得有节制的新理想。

这些忠告在许多问题上就采纳了刚刚被雅典娜打败的复仇女神厄里倪厄斯的看法:单单这种表示和解的方式就意味着重视节制[17]。这种思想也启发雅典娜女神发出劝告,她坚决反对这种可怕的双重过度。复仇女神说:“不赞成宁愿生活在无政府状态,而不愿生活在专制统治下。节制要在处处都占上风:这是众神授予它的特权。”[18]雅典娜本人重申了这种忠告,并且明确希望议事会促使秩序一直保持下去:“从今往

17 不同之处显然在于,厄里倪厄斯预示危险,而雅典娜却教民众避免犯错误。“无政府状态”和“专制”这两个词继续形成一对相互对立的恶:参见伊索克拉底,《颂词》(*Penégyrique*),39:“一方受到暴政的压迫,另一方就会因无政府状态而招致灾难。”

18 《欧墨尼得斯》(*Euménides*),525 及下文。

后，在这座山上，遵守之神和他的妹妹恐惧女神日以继夜地防止公民犯罪，除非他们自己还不想违犯法律。（……）不要无政府状态，也不要专制，这就是我劝这座城市恪守的法则。尤其愿任何畏惧之心不会被逐出它的城墙之外。"[19]

在这种对梭伦理想的呼唤中，人们注意到其中一个词的重要性开始增强：如果民主政体强大，那么无政府状态的危险就变得比专制更可怕。

但是相当奇怪，索福克勒斯的悲剧却证实，就在伯罗奔尼撒战争爆
79 发前不久，雅典人还没有意识到这种危险。索福克勒斯明确表达了反对无政府状态的辩词，不过是出自权倾一时的僭主之口，这就使它失去了意义，无论在《埃阿斯》（*Ajax*）还是《安提戈涅》（*Antigone*）中，权力代理人们都没有很好的表现。

当安提戈涅违抗国王克瑞翁的敕令时，索福克勒斯让后者说出一整套服从秩序和纪律的理论：他坚决捍卫秩序和纪律。像在希罗多德的作品中一样，国家纪律多少和军队纪律有点混淆。因为克瑞翁宣称："如果某个罪犯践踏法律，或者一心想对首领发号施令，我决不会同意。人们必须服从城邦推举出来当首领的人，不论事情是大是小，公正不公正，都得服从。我相信，这个顺从的公民，某一天也会指挥别人，就像今天被人指挥一样，成为忠诚勇敢的战士，在激烈的战斗中坚守阵地。相反，没有比无政府状态更严重的祸害了。就是它[20]使国家灭亡，使家庭遭到破坏，在战时瓦解联盟的阵线，使军队溃逃；而在胜利者一方，究竟是什么拯救芸芸众生？正是纪律（*peitharchia*）。"[21]

这个如此坚决的意见描述了无政府状态所产生的危害。海蒙回答时的一大段台词和他父亲的相似，他虽然不失对父亲的尊敬，但也指出

19《欧墨尼得斯》，690 及下文。

20 用各种不同的代词来表述无政府状态的概念，使表达带有一种非常夸张的特征。

21《安提戈涅》，663—676。

了专制的危险：克瑞翁应该考虑别人的意见，不要固执，不要像水手那样，因为把帆的下后角索拉得过紧，弄翻了船。况且如海蒙所说，“只属于一个人的城邦根本不是城邦”。

剧中所阐明的就是雅典娜的古老规则，被转变成父子个人之间的意见的对立：不要无政府状态，也不要专制。不过我们也感觉到口吻和情绪的差异：在《欧墨尼得斯》中雅典娜提出严正劝告，此处提出的却是一些对立的论点，一个问题被提了出来。更有甚者，是对这位出于怜悯违抗一位临时摄政者的最新敕令的姑娘表示同情。确实，安提戈涅只服从一种意识，即必须依据更绝对的法规。而要是只服从城邦法律 80
就行，而且一点不会变动不定，那么就不必求助这种更高的权力。

索福克勒斯有倾听关于法律本质和基础的争论的习惯，这甚至似乎已经间接对他产生了影响，如他也把克瑞翁的新敕令叫作法律[22]；而安提戈涅用宗教命令来反对这种人类的法律。对话是有名的：“你竟敢违抗我的法令？——我敢，因为公布这条法令的不是宙斯！不是坐在地狱诸神旁边的正义之神；不，这不是他们为人类制定的法律，我认为你的禁令威力还不够强大，不能令凡人去违抗由诸神制定的其他不成文的法律。”[23]

针对不稳定的城邦法律，人们要援引更绝对、更持久的其他法律，这是这些时期的首要特征。尽管安提戈涅的反叛和无政府状态没有一点关系，但是人们已经感受到一股批判之风，并且迟早会促使其他不合法、不高尚的反叛行为发生。

索福克勒斯的另外一部几乎在同期上演的悲剧[24]就证实了这种印象。人们在《埃阿斯》中再次看到叛逆的英雄与主张秩序和服从原则的

22　如在59，213，382，449，452，481，663，847等句中。

23《安提戈涅》，449—455。

24　据 Paul Mazon 所说，其日期在《安提戈涅》稍后；但我们同意一些人的意见，他们认为日期更应该是在《安提戈涅》之前。

专制当权者之间爆发同样的辩论。由于是围攻特洛伊时希腊军营中的情节,因此人们不会奇怪纪律的军事特征比其他文献中更明显;倒是可能惊讶地看到,一个叫墨涅拉俄斯和一个叫阿伽门农的人,身为军队统帅说话,也主张要遵守一般法律。墨涅拉俄斯说起这一点时有点像《俄瑞斯忒斯》中的雅典娜:“在一个国家,如果人们没有畏惧之心,是决不会认真接受法律的;如果没有畏惧和尊敬作保障,军队也决不会表现出
81 明智地遵守纪律(……)同时怀有畏惧之心和羞耻之心的人,必定一生平安。你要相信,如果有一个国度,国民可以放纵不羁,为所欲为,那么就算它曾经一帆风顺,最终也会沉入海底。”[25]

透克洛斯对墨涅拉俄斯的回答不如海蒙对克瑞翁的回答那样明确:这里只有墨涅拉俄斯对埃阿斯发布命令的权利受到质疑。但稍后在尤利西斯求助于诸神的法律时,回答得较好。而且人们实在忘不了埃阿斯本人对如他所说应该“尊敬”的过于强大的阿特柔斯家族的尖刻。[26]

尽管这里提出的问题不过是《安提戈涅》中的民主的问题,但这种双重质疑和对诸神的双重求助至少证明,秩序与自由的关系开始引起人们注意了。

然而,伯里克利的民主相信可以有一种民主秩序。据修昔底德说,战争一开始,伯里克利就在歌颂雅典政体的颂词中说道:“尽管支配我们私人之间关系的是宽容,但在公共领域,是畏惧之心在支配”——总是这种被埃斯库罗斯颂扬的畏惧之心!——它“首先阻止我们去做任何非法之事,因为我们尊重继任的行政官,而且尊重法律——尤其尊重那些保护受到不公正行为侵害的人的法律,或者那些虽然没有写成文

25 1073—1083。人们可以把这段话的头一句跟稍后阿伽门农说的话进行比照:“照这样的方式,没有任何法律可以永久保持下去”(1246—1247)。

26《埃阿斯》, 667。

字,但是容许惩罚公认的无耻行为的法律”。[27]

所以在自由与遵守法规之间达成一致似乎是理所当然的,这些规章或是以法律条文形式来表达,或是由公民责任感或虔诚之心强加于人。人们想到托克维尔对美国民主的信任,他就发现了自由与宗教权威和道德素质相结合的意识。[28]

但是,在伯罗奔尼撒战争中,这种双重支持似乎终止了,从而使埃斯库罗斯曾经建议尽量避免的两种弊端之一突然变得严重起来:这就打破了专制与无政府状态之间的平衡。 82

新人与新举止

人们首先对伯里克利之后的克里昂与阿尔西比亚德之间的反差有强烈印象。

随着克里昂大权在握,民众的所有被贵族蔑视的缺点都在讲坛上暴露出来。阿里斯托芬在《骑士》里强调总是商人继承权力这个现象,以此来逗乐观众[29]。这些商人的举止常常就是平民的举止,而且,“奥林匹斯山神”伯里克利属于雅典最大的家族,而当时的文献却强调指出继承他领导雅典的克里昂仪态恶劣。普鲁塔克告诉人们,他是使讲坛尽失庄严的第一人:他大喊大叫,拍大腿,坐立不安;普鲁塔克还说,“他给政治家作出这种不拘礼节和蔑视礼仪的榜样,不久就在所有事务中都造成混乱”(《尼基亚斯传》, 8)。由于他的这种外表仪态不佳与一种糟糕的政治有关,这个证词显得很有意义;不然他就像阿里斯托芬那样,不为同时代的证词做任何补充了[30]。阿里斯托芬也老是抱怨克里昂发出

---

27 修昔底德, Ⅱ, 37, 3。

28《论美国的民主》, Ⅱ, 17。

29《骑士》, 128—145。

30 对克里昂的口才和他的不良作风的描述,在亚里士多德的《雅典政制》28, 3 中也可见到。

的那些叫嚷[31]。他也抨击克里昂的厚颜无耻、下流放肆。人们甚至可以确定,《骑士》的主题就是克里昂与竞争对手比赛谁更无耻,胜者即可获得国家领导权,好像雅典政治的规则就是希望每个人都被比他更无耻的人排挤掉(134：*bdelurôteros*)。和克里昂争权的人是一个腊肠贩,人们知道他愚昧无知,但是这种无知在这里夹杂着道德的特征:这个角色也是一个“放肆的”人(181：*thrasus*),一个坏蛋(193：*bdeluron*)。如果说克里昂是一个坏蛋,“一个坏蛋,一个坏蛋:我要骂好多好多次,因为他每天都要当好多好多次坏蛋”[32],腊肠贩也试图在“厚颜无耻”(277：*anaideia*)上超过他。克里昂有资格:“你难道不是从一开始显露出这
83 种无耻吗?就是它在支使卖嘴皮子的人”(324—325：*anaideian*);于是一场靠辱骂和恐吓来打气的比赛开场了;而且歌队也赞美:“有些东西显然比火还要热烈,人们在城邦里听到的一些话还不及这么无耻”(385：*anaidôn anaidesteroi*)。我们还可以多援引一些例子[33]来证明,虽说克里昂是一个坏蛋(304：*miare*),但这回他遇到了“比他还要坏的坏蛋”(*miarôteros*):抨击词汇的丰富使分析显得多余。由此明显可见,克里昂不仅丧失贵族演说家表面上的稳重,也丧失了对他们所主张的道德的价值标准的尊重。修昔底德同意阿里斯托芬把这个煽动家说成一个自负的、只顾私利的、不庄重的、暴虐的人;阿里斯托芬还补充,他往往还收受贿赂。“仪态恶劣”到这种地步,就可能在政治上造成严重的恶劣影响:不论是选择这样一个人,还是他影响群众的手段,都决不再是公民责任感所启发的。

这些证据可能存在某些偏颇,要么克里昂是一个特例。不过人们将注意到,在战争结束时,文献说到克里昂都是用这类词语。因此社会的解释不是完全没有根据:某些阶级的地位蹿升,不是不会使之前由传

31 他在《骑士》中“大声叫嚷”:如 137, 256, 274, 275, 286,等等。

32 249—250。

33 亦见《马蜂》, 596,《和平》, 314,以及《阿卡奈人》中的比喻, 382。

统传递的价值标准发生危机的；这种地位蹿升甚至就是一种决定因素。

不过这些解释只是不充分的：在克里昂和克里奥丰之间，曾经一时操纵过雅典命运的人阿尔西比亚德，由于一些相对立的缺点，就体现了这类弊端。阿尔西比亚德复兴了优雅、家族、文化，但是人们发现失序局面也在发展：阿尔西比亚德这个被雅典溺爱的孩子，像所有当权者一样，胆大妄为，无视一切法规：普鲁塔克所写的有关他青年时期丑闻的轶事，在这方面提供了那么多证据。修昔底德本人尽管下笔慎重，也暗指他私生活“不检点”，使他容易遭到政敌毁谤[34]。况且他亵渎秘密祭祀仪式的事不是得到证实了吗？人们不是看到他一遭到指控，便玩弄阴 84
谋诡计，对各方都背叛——不管是雅典、斯巴达、替萨斐尼、民主派还是寡头派吗？从克里昂和阿尔西比亚德两人相反的缺点可以看出，他们是雅典生活发生某些变化的征兆。

仅仅克里昂和阿尔西比亚德，克里奥丰和公元前 411 年掌权的寡头派的名字，就能让人悟出，修昔底德这么着重地指出伯里克利与他的继承人的对立是有道理的。但是相反，社会阶层和党派的对比却让人意识到，弊端的本质具有很深的渊源，值得花气力去探究。此外，在追忆一种道德危机上，修昔底德的著作和其同时代人的著作是一致的，这种道德危机对蔑视法律的思潮（即无政府主义）在城市里传播起了推波助澜的作用。

战争，失序的根源

这种危机即使不是由作者们所揭露的两种情况引起的，也是它们促成的：第一种情况是伯罗奔尼撒战争——以及这场在几乎整个希腊世界历时 27 年的战争所包含的一切；第二种情况是诡辩派的影响。

修昔底德明确指出战争对道德方面造成的影响：它鼓励并传播了

34　Ⅵ，15，4。

对法律的蔑视——不是像在《安提戈涅》中那样，以更高的迫切要求的名义来蔑视，而是出于自私自利来蔑视。他专门对这种现象进行了两次重要分析，这种分析出现在他的著作中这件事本身，具有令人感到意外的东西，并引起人们注意。

第一次分析与在雅典肆虐的瘟疫所产生的道德方面的影响有关："一般来说，瘟病是城邦里日益严重的道德失序的根源"（用的是 *anomia* 这个词，意思是没有任何法规）。"有人明火执仗地做以前只是偷偷摸摸做的事情（……）。对神的畏惧、人为的法律，都根本无法阻止他们：一方面，因为他们看到人人都会死，就认为敬不敬神都一样，至于
85 犯罪，没有人会预料自己能活到受到审判和惩罚的时候……"[35]

确实，这种道德失序是偶然发生的：它与临时出现的两种异常情况有关。然而，修昔底德的著作的引言清晰地暗示了一种将要发展起来的灾难；而且希腊语的句子比翻译更使事实直白，因为字字如实："瘟疫成为道德失序状态向其余地方蔓延的最初起点。"

事实上，伯罗奔尼撒战争与瘟疫造成的灾难，不久就在几乎整个希腊和希腊内战造成的灾难合起来，那场内战使雅典及其平民政体的支持者与斯巴达及其寡头政体的支持者势不两立。修昔底德说："可以说这场动乱波及整个希腊世界，每个城市都有敌对的党派，平民领袖呼吁雅典人支持，贵族则求助于斯巴达人。"[36]"这样，城邦一个接一个爆发内战，爆发较迟的城邦了解到已经发生的情况，在创新设想方面，做得有过之而无不及，采取一些极为巧妙的创举和闻所未闻的报复行为。人们甚至改变了关于行动的词语的常用涵义，以使它们能证明行动合理。考虑不周的鲁莽被当作要求党派成员具备的勇敢的献身精神，而审慎被看作怯懦的遮羞布，能全面理解问题的人被认为根本没有行动能力；强烈的冲动成了男子汉素质，谨慎思考被认为是逃避的借口。心怀不

35 Ⅱ，53。

36 Ⅲ，82，1。

满的人总是获得信赖,与他们意见相左的人总是受到怀疑。阴谋得逞的人精明,而能够揭穿阴谋的人更胜一筹;可是预先成功阻止这些阴谋的人,又被认为是破坏党派事业,遭到对手恐吓。总之,在作恶比赛中争前恐后,积极怂恿他人作恶,都能博得你们夸奖。家族关系实际上变得都不如党派关系紧密,人们在党派中更愿意敢作敢为;因为这种组织不是为了趋利而遵守现行法律,而是出于贪欲破坏既有秩序。党派成员彼此之间的约束力不是从神的戒律汲取,而是从共同的违法行为中 86
汲取。"[37]文献就这样连续又叙述了两页:我们在这里所强调的词证实,遵守法律的行为,不管是神的法律还是人的法律,从此不再占上风。

在这篇文献中,不再像前面的例子,涉及一种偶然的情况:公民价值标准的崩塌与战争有直接关系;而且几乎在整个希腊,先是在公元前411年,然后在公元前404年,一直伴随着内战表现出来。这种普遍性本身表明,事情与民主政体的固有弊端无关:它涉及两个阵营,尤其在修昔底德间接提到的寡头政治团体的成员中更流行。战争所引起的这种道德败坏的现象,这种道德上的无政府状态,可能使雅典民主的问题更加严重,但并不是雅典民主所特有的。至少修昔底德没有从这个角度来阐述。

我们还可以补充说,更一般地(尽管修昔底德还根本没有形成这种观念),在战争中武力胜过法令的现象,以及宣扬这种武力至上的辩论(如修昔底德著作中的米洛斯对话),几乎肯定不会鼓励人们在私人领域恪守义务。征服、镇压、暴力的各种运用,展示了一种没有幻想的现实主义,这种现实主义几乎在修昔底德的所有历史篇章中都能发现,而且想必在现实中存在。这位历史学家说,战争"就是一位采取暴力方式的主宰,他根据局面来决定多数人的热情"[38]。

37　82, 6:παρανομῆσαι。可以从破坏赫尔墨斯神像的行为看出迹象,秘密政治团体成员就通过这种行为相互关联:参见安多西德,I, 67 和 J. Hatzfeld, *Alcibiade*, p.186。

38　此外,这场战争几乎在所有地方都发展成内战,而政府的合法性每回都受到质疑

诡辩派与蔑视法律

战争的影响在这点上与另一种影响汇合,这种影响也不是雅典民
87 主所特有的,至少从表面上看是这样,但是它对雅典民主的演变起到一种重要作用:这种影响就是诡辩派的作用。

说实话,人们过分夸大了诡辩派在雅典道德危机中的责任和他们的哲学教育中的无视道德的特征[39]。不过,由于他们教会人们在一切事物上进行辩论,表达赞成和异议,并且为最难的诉讼案件辩护,因此很显然,他们为当时的漠视道德的行为提供了手段。不管怎样,他们的同时代人就是这么认为的。在阿里斯托芬的喜剧中,就连苏格拉底也被看作诡辩派,说他起了坏作用。这种对哲学家们所支持的论点的歪曲总是令人担心:如今尼采所受到的对待,也许就不比苏格拉底或普罗泰戈拉在阿里斯托芬的时代所受到的对待好。

人们认为诡辩派颠覆宗教信仰。而普罗泰戈拉之所以名声悠久,想必就是因为他曾经写道:"关于神,我无法知道他们是否存在,也不知道他们的模样:有许多情况阻止人们去了解,没有可以感觉的材料,而人的生命又很短暂。"[40] 这种态度给他招来蔑视宗教的骂名,他因此不得不逃离雅典。

人们还指责诡辩派摧毁了应该给予父母、道德和法律的尊重。

在阿里斯托芬的喜剧《云》(*Nuées*)中,斯瑞西阿得斯想送儿子到苏格拉底身边学习为疑难官司辩护的本事,这样他就可以不用偿还债务了[41]。天地公道啊:这孩子离开苏格拉底家时,学到的主要知识,却是他

(参见下文,第 142 页):这种现象就保证不了人们去遵守这些政府的秩序。

39 拙作《论希腊思想中的法律,从起源到亚里士多德》, Paris, 1971, 第Ⅳ章和第Ⅴ章试图证明这一点。

40 断片 4 DK。

41《云》, 116—118。

有权利揍他的父亲:"你竟敢打你的老子? ——宙斯在上,我要证明我有理由揍你!"[42] 这就是诡辩派对父母的尊敬。

由于他的缘故,良好风俗消失殆尽。还是在《云》这部喜剧中,阿里斯托芬喜欢挑起"正理"和"歪理"[43] 之间的争端,如果人们愿意,也可以说成旧式教育和新式教育之争。"正理"解释说,在以前,公正和克制、 88
孩子的睿智、谦逊、尊敬年长者和父母,这些良好风俗流行。反过来,新式教育要你们"把所有可耻的东西当正派,把所有正派的东西当可耻"。事实就是"歪理"怂恿大家:"你就和我一起纵情享乐吧,跳啊,笑啊,没有什么事情是可耻的!"[44] 这就是诡辩派的道德。

而更重要的是,尊重法律的意识日趋淡漠。也是在这点上,时髦的思想家们没有忘记提供论据。某些人在分析法律的本质时,揭示了它的约定俗成的特征;而且即使他们不提出人们不应遵守法律这种结论,别人也可能从中得出。诡辩家希庇亚斯把法律和自然对立起来,宣称法律是人类的暴君;诡辩家安提丰加深对立,并且明确断言法律是约定俗成的;他甚至说,保持公正,"如果是在有证人在场的情况下,尊重法律才完全符合个体的利益;而如果只是单独一人,没有证人,那么服从自然才有利"[45];诡辩家斯拉雪麦格,至少是像在柏拉图的《理想国》中出现的那位,把正义定义为最强者的利益[46]。在这里,人们无须对这些看法进行分析[47] 就可以注意到,它们导致了柏拉图的《高尔吉亚篇》中一个叫卡利克勒斯的人的无视道德的观点——那位卡利克勒斯不是诡辩家,但是其狂热的个人主义运用诡辩家的批判分析,要求超人"把我们的著作、我们的巫术、我们的咒语、我们的法律,一切与自然对立的东

42《云》,1331—1332。

43 剧中的两个拟人化的角色。——译注

44《云》,1077 及下文。

45 断片 44 b。

46《理想国》,338 c。

47 关于这种讨论,参考上文第 88 页注 37 中所援引的拙作。

西，统统踩在脚下……”[48]

因此非常明显，这些时髦思想家要对蔑视法律的行为负责。《云》中斯瑞西阿得斯的儿子不只满足于打他老子：他还很乐于表明，他因此
89 证明他不受法律束缚是合理的，他已经得知，这些法律只是有限的：“可是没有哪条法律允许人们这样对待他们的父亲啊。——最初制定法律的不是像你我一样的人吗？用他的话说服了古人吗？我难道不可以也为后代制定一条新法律，让儿子打老子吗？”[49] 同样，“歪理”夸口“第一个有了驳倒法律和正义的主意”。

于是，诡辩派的这些被过于简单地解释，并且常常被歪曲的学说，就开启了失序的大门。他们的教育也以更简单的方式促使失序的发生，因为他们教会了学生操弄论据的本事，使得他们即使被控有罪，也能洗脱罪名。法律历来只是人为的成果，因此是有限的，如果斯瑞西阿得斯的儿子作为哲学家来谈论法律的本质，他也完全会求助于新老师的教育这另外的一面。他拥有许多论据，能让他可怜的父亲相信，他有理由虐待他；而斯瑞西阿得斯则表示信服：“你们这些像我这样年纪的人啊，我看他说得在理！”（1437）。这种放任充分表明这样的论据是怎样可以逐渐破除旧规则的。再说，这正是“歪理”在建议人们过自由和快乐生活时预先考虑的；因为“歪理”补充道：“你和有夫之妇通奸被捉，你可以回答那女人的丈夫，你什么也没有做错。然后你把罪责推给宙斯，就说，宙斯也会被情欲和女人征服呀，何况你是一介凡夫俗子，还能比神强吗？”

当时的习俗像什么样，在欧里庇得斯的作品里得到充分证实。我们看到其中一些人物，就像斯瑞西阿得斯的儿子一样，援引了新潮哲学家关于法律与自然对立的阐述（例如有一段，其中一个人物为自己辩解

48 《高尔吉亚篇》，484 a。

49 《云》，1420—1425。

说:“大自然要这样,她根本不在乎法律”[50])。我们还看到一些好打官司的人,善于把犯错误的责任转嫁给别人:例如海伦本来也没有做错什 90
么,可是就像阿里斯托芬喜剧中的“歪理”出的主意一样,她以诸神自己遇到情欲也会意志薄弱为由:“快去惩罚那女神吧!你要表现得比宙斯还要强,他是众神之王,可是也拜倒在她的脚下呢!”[51]她还把犯错的责任推到赫卡柏头上,赫卡柏是引起后来的灾难的第一原因,因为帕里斯是她生的呀……这样一推理,什么嫌犯不会显得无辜呢?伊阿宋不是声称,抛弃美狄亚和他的孩子另求新欢,是帮了她和孩子们的忙吗?波吕墨斯托耳不是把一桩由于贪财而导致的谋杀,变成了献身希腊人事业的行动吗?欧里庇得斯像修昔底德、诡辩家高尔吉亚一样,是这方面的描述高手。但是很清楚,施展这种技巧,只会损害公正和对法律朴素的尊重。

这种危机的严重性无疑解释了战争过后不久对苏格拉底的指控所采取的形式:人们的不满完全与他们所看到的灾难相对应。宗教信仰的危机?控诉书指责苏格拉底“不承认城邦的神是神,而且要引入新的神”。尊敬父母?当人们说,苏格拉底教坏了年轻人,这不是意味着他取代了他们的父母吗?此外,在色诺芬的作品里,墨勒图斯宣称,老师的影响在青年身上消除了他们本该给予父母的尊重。[52]至于蔑视法律,在控诉书中并没有特别提出来;但是人们知道,它想必以阿尔西比亚德的角色彻底体现出来,这个门徒给他的老师招来那么多指责,而且有位同时代的人可能说到他:“他不打算服从城邦法律,而是要你们服从他

50　断片 920 N。亦参见断片 433 和 840;还可参见《赫拉克勒斯》(*Héraclès*), 778, 或《伊菲革涅亚在奥利斯》, 1095 : άνομία δὲ νόμων χρατεῖ。

51《特洛伊妇女》, 948—951。关于海伦,诡辩家高尔吉亚的一篇论著更明确,因为他证明,无论如何,考虑到海伦或是受骗,或是受一种不可抗拒的力量胁迫,她不应负责任;这些力量有神的力量,也有情欲的力量。

52　参见色诺芬,《辩护词》, 20 :“我知道,你说服人们服从你,而不是服从他们的父母”;显然墨勒图斯有点像阿里斯托芬一样想象了苏格拉底的教育。

自己的规矩。"[53] 苏格拉底的控诉人弄错了指控对象,但是城邦在这个时
91 机爆发的怒火也表明,它对于一种与一场普遍的公共道德危机相对应的实际灾难是多么敏感。

甚至在狭义的政治领域,也能感受到这场危机存在。就这样,人们发现,人民自己就在各种情况下,凭着行使最高权力的资格,违犯他们对其负责的并且是其权力的保障的法律。色诺芬关于伯罗奔尼撒战争最后几年经历的一段记述,在这方面能说明问题。在打算审判阿吉纽西战役的统帅的公民大会上,有些人提出一种非法诉讼程序;当有人揭露它的非法性时,"群众就大喊大叫说,要是有人阻止人民做他们想做的事,这是很可怕的"[54]:这种说法很像描述民主无政府状态的说法。伯罗奔尼撒战争引起的危机以各种方式破坏了个人的道德观念,最终破坏了民主政体的机能本身。

然而,人们依然惊讶地发现,这些不同的作家虽然不约而同地描述了这场危机的征象,却从来不试图把它和政体本身联系起来。一有机会他们却认为这个政体反过来会受其影响;但从来不说这种政体会促使危机产生。这种沉默十分令人惊讶,需要得到解释。

民主与无政府状态

政体怎么会不受到质疑呢?不过,似乎有理由认为,民主政体所依赖的两个原则,肯定都比其他政体更容易使雅典受到刚刚在上面提到的双重影响。这确实就是自由的影响,确实就是平等的影响。

所谓自由,就是一点不受他人的专制压迫。既然共同生活需要一种秩序,这种自由的交换物和保障显然就是法律。但是逃避他人专制压迫的习惯容易导致为所欲为这种更危险的习惯。从《埃阿斯》起,人
92 们就已经注意到,有人严厉批评任何国家"允许其公民蛮横无礼和为所

53 [安多西德],《诉阿尔西比亚德辞》(*Contre Alcibiade*),19。

54《希腊史》,Ⅰ,7,12。

欲为”。与这种天生的欲望相结合的，还有这样一个事实，即民主政体同时废除了任何制止这种无序的手段。因此那些任期短暂又没有实际权威的行政官中谁敢对无序行为实施严厉惩罚？本来是可以采取一些在其他政体下可以采取的积极措施来避免公共道德危机的，如禁止不受欢迎的外国人在本国居留，监督公众示威游行，起诉所有领域的非法行为。但是采取这种措施需要强大的执行力，并且要能够避免需要抵制的影响；然而，雅典行政官不具备其中任何一个条件。事实上，任何民主政体都很难下决心采取一些违背其原则本身，并且可能使其更不得人心的措施[55]。道德秩序是一个口号，不易和自由的狂热相容——即使实际上这两种观念之间的联系比看上去的要紧密。

至于平等，它确实可以与一种法治相适应，因为根据定义，法律就是“人人平等”。但是，它也很难适合一个社会作为基础的任何等级制度。人们在阿里斯托芬的喜剧中看到，这种危机通过一个儿子正在打他父亲的场景显露出来：尊重父母和长辈，尊重神祇，是希腊社会的最神圣的法规之一。但是，为什么有这种对于大家而言都如此平等的尊重？斯瑞西阿得斯的儿子解释得好：我小时候你打我，而“为什么你的身体不该打，而我的身体就该打”？[56]同理，在一个人人不加区别轮流行使行政官职能的政体中，对在职行政官的尊重容易延续下去吗？最后，如果好坏不分，人人平等，那么大家还有什么理由要努力去做好人呢？平等不是使人更习惯于服从，而是实现自由。而且，之所以战争和诡辩派的双重影响对雅典有这么重要，很可能是因为其政体的性质本身使之容易产生这种弊端，既能让其公民更易受到影响，又不容易抵御这种 93
影响。无政府状态或多或少走得更快一点，更远一点；但是它本质上是民主政体的通病。

55　参见 M. I. Finley 的《古代与现代民主》，p73：“以任何方式承认表达自由的国家，于是找到被这种自由的存在本身复杂化的内部自我保护。”

56《云》，1412。

然而，经历了公元前5世纪这场危机的人，甚至抱怨这场危机的人，却不曾作出这样的诊断。人们仅仅能够注意到，在战争中，危机与这种政体有某种联系这种模糊的意识，开始难以觉察地渐渐显露出来。至少把各个时期的文献进行比照就会发现这种情况。

担心

在战争之初，伯里克利打算相信，或者打算让人相信，节制和服从与民主政体的一种合理的原则丝毫没有矛盾。他在葬礼演说中也勉强颂扬了支配雅典政体的自由原则，但他话锋一转加以补充，说也看到人们遵守法律。因此他显然知道，无政府状态是民主政体的危险；但他也辩称，在他的国家的这种民主政体中，这一危险显得并不紧迫。

但是，在战争之初这样进行的这种美好追忆，在随后几年里却没有产生多少共鸣。在修昔底德著作的其余部分，节制总是在寡头政体一边，而失序则与民主政体如影随形。实际上从第一卷起，斯巴达的"节制"就因阿希达穆斯国王而著名，伯里克利也以同样夸张的表达使雅典的自由著名[57]。而且在希腊城邦中，两种政体的支持者一对立，自称是寡头派的人就说到贵族的"节制"（Ⅲ，82，8：*sôphronos*）[58]。

后来，当阿尔西比亚德流亡斯巴达时，而且就在他想辩解自己曾经
94 是民主政体的领袖时，他也谴责这种政体是一种"疯狂"，"失序"就与它的统治有关。而且这个很少遵守秩序的人，为了附和寡头统治阵营里人们所说的话，竟振振有词地宣称："在不遵守法纪（*akolasias*）盛行时，我们尽力在政治上保持一种最大的节制。"[59] 他甚至抱怨那些越来越把人民朝"邪恶"（*ponèrôtera*）方向上推的人。因此民主政体被公认是

---

57 Ⅰ，84，2—3。着重表达 σωφροσύνη έμφρων 就能说明问题；σωφροσύνη 在后面的句子中和 αίδώς 一起重复使用。

58 同样，普拉提亚的寡头们希望是他们同胞的 σωφρονισταί（Ⅲ，65，3）。

59 修昔底德，Ⅵ，89，5。

失序的政体。而且随着时间推移，这种特征还会加强。

其实，在西西里远征之后，雅典产生了一种反应：人们力图让城邦在经济上“更节制”（*sôphronisai*）；委任有资历的人组成一个委员会；力图在一切方面都做到有条不紊，秩序井然[60]。这还不够；那些在艰难时期希望改变政体的人这么做，是要“采纳一种更节制的政策”（*sôphronesteron*），把职责委托给“人数更有限的一些人”。[61]

因此，失序与政体有关这种见解不是完全不存在的：它渐渐地悄然受到人们重视；而且除了修昔底德的著作外，各种文献都证实了这一点。

就在战争前，当索福克勒斯的剧中的克瑞翁专断地宣布“没有比无政府状态更糟的祸害”时，他针对的是一种普遍缺陷，决不是指责一种政体。但是，在一个不管是什么时期，诡辩家的思想都是深思熟虑的时代，在诡辩家安提丰的著作中，这样的说法带有一种惋惜，完全像贵族一样对过去的价值标准表示惋惜，因为他宣称：“无政府状态是人类最严重的灾难：他们十分清楚这一点，往昔的人[62]从一开始，就让孩子们养成习惯，服从被命令去做的事情，这样在长大成人后，就不会因局面发生剧变而不知所措。”因此，无政府状态与某种被认为是新的社会形式有关，而且对过去的怀念类似于伊索克拉底对旧民主政体的形式所表 95
达的怀念：“它们吸引了所有公民，尤其年轻人……”[63]对照两个文献的两种惋惜，揭示了隐藏的一种政治倾向。

毋庸置疑，应该从相同角度来考虑某些文献的坚决主张，这些文献大概属于同一时期，揭露了失序的危险，这种危险与秩序的好处截然对

60　修昔底德，Ⅷ，1，3。

61　修昔底德，Ⅷ，53，1。

62　涉及断片 61（21 Gernet）。希腊语词 πρόσθεν 一点不涉及遥远的过去。至于其余的，人们可以注意到，安提丰的说法和索福克勒斯在《安提戈涅》中的说法几乎相同：άναρχίς δέ μεῖξον ούχ έστιν χαχόν—— άναρχίας δ’ ούδέ ν χάχιον άνθρώποιζ。

63《最高法院演说辞》，43。

立。诡辩家安提丰所处的时期容易确定，而那位被人们叫做扬布里柯的匿名作者所处的时期就不好确定；但他肯定属于同一个知识界；而且人们可以认为，他是在伯罗奔尼撒战争结束时写的。然而，他唯一的一本文献流传下来，他在其中系统地为好秩序和遵守法律进行辩护。按他所说，法律和正义是“城邦和个人的团结与安全的保障”[64]。如果没有它们佑护，那么既不可能生存下去，也没有支撑的力量。因为秩序能让人产生信心，而信心可以为社团带来福利；它提供了确保社团命运和拥有空闲的手段；它能免除人们的忧虑，而且最有可能避免战争。相反，失序则会引起所有截然不同的灾难。而群众中一旦产生失序，就产生暴政[65]。这位匿名作者没有说这种失序是民主政体的固有弊端，但是他说它有可能导致民主政体垮台：这表明他已经把失序和民主政体联系起来。

因此可以说，有关民主政体的这种危险的意识渐渐地，而且总是悄悄地，渗透到政治思想中。

要是有更多的文献流传下来，也许能找到诊断更明确的文献：根据我们了解的实际情况，应该承认，就算这些分散在当时文献中的见解暗示道德的无政府状态与民主政体有关，它们也是很少见的，而且是间接提到的。不过，造成这种沉默的原因并不难想象。

第一个原因可能与促使危机发生和使危机加重的两种影响起的作
96 用有关：这些影响似乎提供了一种充分的解释，并未对政体提出怀疑。有人可能怪罪战争，因为它起到过一种作用。有人可能怪罪诡辩派，因为他们也起了作用。有人甚至认为战争促使他们的作用奏效。所以没有必要怪罪民主政体；而且希望一旦危机过去，政体得以恢复，人们就拥有更好的秩序，这是合乎情理的。

但是另一个原因趋向于掩盖失序与民主政体的关系。因为这种关

64 631，17。

65 关于这种见解，参见下文第 126 页及后文。

系比乍看上去更难捉摸；而且它可能让当时的人更难觉察到，对他们而言，*démos* 这个词既表示人民，也表示人民行使主权的政体。然而，无政府状态可能与政体的组织结构有关，因此不是人民的行为。

民主的无政府状态与人民

无政府状态其实产生于非常不同的阶级。根据定义，诡辩派的学生是有钱人。地位卑微的阶层理所当然被野心拒之门外。所以制造失序的人不是平民，而是那些利用这种政体的人，即煽动家。

煽动家不是“人民”，但他们成了民主政体的祸害。他们一般是富裕的，受过教育，有野心。但是他们只有靠平民政体，靠在群众中抛头露面，才能满足这种野心[66]。甚至《高尔吉亚篇》中的卡利克勒斯，他反对法律的话说得那么有说服力，而且显得那么充满优越感，但是尽管如此，据苏格拉底说，他是热爱雅典人民的：“如果你表达一个意见，而人民的意见与你不同，你就急忙改口，跟着他们说。”[67]

这里有一个常常被人忽略的区别——它使许多伪问题冒出来，如诡辩家们的政治倾向问题。一旦这个区别确定，一切就明晰起来。平 97
民政体可能是产生失序的原因，但平民阶层却没有直接参与。这种政体推翻了藩篱，解放了个体：通过打开通向竞争的大门，激发了人们的野心。由此引起失序和放纵，然后，人民就抱怨他们的领袖的这些行为，却不怀疑正是他们自己的最高权力引发并维持了这些行为。

这样，民主政体与失序的关系慢慢找到一种明晰的表述，就可以理解了。实际上，只是在公元前 4 世纪，当人们发现，战后，在危机过去后，这种失序继续存在，甚至具有一些新的形式时，这种见解才大致稳定地

66　雅典帝国的城邦对此有充分的意识，当它们认为“那些被人们叫做君子的人”“是人民所采取的这些糟糕措施的提供者和唆使者，而且他们通常自己就从这些措施中获得好处”（修昔底德，Ⅷ，48，6）。

67《高尔吉亚篇》，481 e。

形成。公元前4世纪的证据充分证明了这种失序的现实性，以及具有这种意识的重要性。

二、公元前4世纪的失序

自公元前4世纪初，道德的失序就存在了：对许多人来说，这无疑让人失望。

恢复后的民主政体似乎有个良好开端。一种真正的公民责任感的冲动激发了和谐一致。社会似乎趋于稳重。但是批评很快又开始了，丑闻也继续爆发。柏拉图在“第七封书信”中讲述，新政体对苏格拉底的审判令他十分震惊，十分悲痛。这最后一击完成了政治的转向：“我发现这种情况，看到操纵政治的人，我就更多地考虑到法律和习俗，当我的年纪越来越大，我就觉得要管理国家事务越来越难。”[68] 他还补充说：“法律和习俗已经败坏到这种严重的地步，起先我还曾满腔热忱地为公众利益工作，可是一考虑到这种局面，看到一切事情怎么都混乱不堪，
98 我最终被弄得晕头转向……”

情况变得有这么糟吗？如果人们查考演说家们关于日常生活所提供的证据，就能注意到，无政府状态和失序状况在头几年就出现了，往后就通过一些不太明显但是更严重的恶行表现出来。因为那时候，对法律的蔑视不是通过公然放肆的违犯，而是通过法律通常得不到执行，甚至还通过人民的政策本身表现出来。如果选出两位演说家作为证人，阅读他们的演说，那么对这种逐渐变得严重的情况就一目了然。这两人都是民主政体的狂热支持者，他们的生涯大约相差几年。

68 第七封信，325 c。

吕西亚斯的证词

人们料想到，和蔼可亲的吕西亚斯不会以任何方式想指责他所赞美的民主政体，也不会谴责当时的风俗习惯，对它们进行分析超出他的雄心；可是他为我们描绘了一幅什么样的场景啊！醉酒的青年拉帮结伙，吵架斗殴，绑架劫持……在演说辞《诉西蒙辞》（*Contre Simon*）中，这些暴力行为是围绕一位优秀青年发生的；在演说辞《关于对伤害的指控》（*Au sujet d'une accusation pour blessure*）中，暴力行为是围绕一位高等妓女发生的。闯民宅，打人[69]，这一切显得十分自然："他性格太坏，不知羞耻，把脸上的普通瘀伤叫做创伤。"诉讼当事人抗议说[70]。在另一篇演说中被抨击的青年阿尔西比亚德，在这方面只是一个极端例子——他和妹妹睡觉，按照拉辛的说法，"是乱伦又是通奸"，他欺侮别人那么肆无忌惮，他似乎继承了他父亲的缺点，而没有继承他父亲的优点；对这个家族的放纵行为的描述[71]，即便有所夸大，也肯定能说明问题。

如果这只是几个罪犯的行为就好了！在吕西亚斯的著作中，人们似乎觉得任何权威都无能为力。第三篇演说所指责的西蒙，服从军队 99
纪律的方式似乎就很离奇：他在战斗打响时才到达部队，顶撞他的顶头上司，还揍了他！纵使有这种可耻行为，他也只是被开除了事。

青年阿尔西比亚德本来隶属于步兵，却决计要参加骑兵作战。谁也没有批准他去。但这样做的人似乎不止他一个：吕西亚斯的一篇演说的诉讼人假装表现好，没有这样做，却显出可嘉的顾忌："别人不经考试就非法加入骑兵队：我……"[72]

民事领域同样有不在乎法规的印象。在这里，被告是否犯了被指控的罪行并不重要：单单这些指控能够看上去确有其事这种情况就说

69　Ⅲ，6 和 7。

70　Ⅳ，9。

71　分别见ⅩⅣ，29 和 41—42。把这篇演说归于吕西亚斯是有争议的。

72　ⅩⅥ（《为曼提色奥斯辩护辞》），13。

明问题。例如，在第六篇演说中，安多西德在流亡回国几年后，被指控参加了一些他本不该参加的宗教仪式；还例如，在第十和第十一篇演说中，忒翁涅托斯被指控不顾法律禁令在民众面前发表演讲：人们什么都不核实一下吗？也不论这一切是怎样发生的？在参加公民大会的民众面前，事态是难以控制的。无论如何有些人会感到不安；《诉阿尔西比亚德辞》的作者[73]就是其中之一：在证明了这位年轻人的恶习（*Ponèria*）和蔑视法律的行为之后[74]，他解释了这样的习惯是如何传播开来的：“他觉得城邦无法处罚轻罪犯。”而他立即在人们因此对“有可能为所欲为”——这句话立即让人想到索福克勒斯的《埃阿斯》中的那句话——这种观念感到愤慨时，要求人们：“你们好好想一想，要是人人都能为所欲为，那么就是有法律，你们就是来开大会，而且选举出了十将军会，也
100 无济于事！”[75]对法律的蔑视让无政府状态取代了民主。

还有，吕西亚斯的演说是为一些委托人写的，几乎总是涉及私人诉讼案件，而且不牵涉雅典政治的重大辩论。无疑这就是只有在德摩斯梯尼的演说中，大量蔑视法律的恶行才真正被揭露出来的原因。

德摩斯梯尼，被藐视的法律

我们首先发现，德摩斯梯尼后期的演说证实，在公民的日常生活中流行着一些失序现象。他亲身经历的那些现象已经有了特征。人们了解他与剥夺他的财产的监护人之间发生的一些纠纷。人们也了解《诉梅蒂亚斯辞》（*Contre Midias*）所涉及的著名事件。梅蒂亚斯是一个有钱人，他在众人面前打了德摩斯梯尼一记耳光，当时德摩斯梯尼是雅典酒神节的组织者，负责一个多少带有宗教性质的职务。这个事件本身

73 我们承认作者是吕西亚斯，但是演说的真实性有争议（参见第 97 页注 71）。

74 参见第 21 页注 9：τῶν νόμων ούχ έφρόντισεν。

75 为了更好地按其序列确定句子成分的位置，我们从形式上改动了“法国大学丛书”的译文。

只是一连串违法行为、暴力活动和官司的后果；这记闹得沸沸扬扬的耳光决不是一个孤立事件。因为还应该列数梅蒂亚斯侵犯这位酒神节组织者最基本的权利的许多行为：企图贿赂陪审团和鼓动合唱队老师离职；闯入为合唱队制作冠冕的金银匠的住所，企图破坏他的工作："通过大嚷大叫和威胁，在法官宣誓时刻纠缠他们，封住大门，阻止人们进场——他，一个普通老百姓，要封锁公共通道！——他不断骚扰我，真是罄竹难书。"[76]

如果追溯到更早一些时候，人们更能感觉到，梅蒂亚斯从一开始就不尊重他人，更不尊重法规和人民陪审团的裁决：他和德摩斯梯尼的纠纷暴露出最坏的失序状态。在这次打耳光案的15年前，在德摩斯梯尼与其监护人打官司时，梅蒂亚斯对德摩斯梯尼犯下恶劣行径后就被定了罪，但他从未支付过所欠的赔偿金。相反却报复作出判决的仲裁人："他唆使法官违背所有法律，不传唤一个证人到庭，就让人们进行表决，在斯特拉通缺席、没有任何听众的情况下，指控斯特拉通，他打击仲裁人，排斥他，说他没有公民资格。"[77]梅蒂亚斯当时甚至还指使人指控德摩斯梯尼谋杀，或谋杀同谋。据德摩斯梯尼说，这是他对别人随便使用的 101
手段："他对你们这么多人中的一个犯下了这么多不义行径——这么严重的不义行径——因此有人可能对我说：喂，怎么啦？你受的欺侮比每个人都严重吗，这么让你生气啊？"为了支持他所说的话，德摩斯梯尼让人宣读了一整篇有关梅蒂亚斯犯下的"不义行径"的备忘录。备忘录记得全吗？不可能！他说，许多人想必会吃惊地发现它没有记下"他们所知道的某些事情"。即便考虑到修辞上有所夸大，也必定令人觉得此人有罪。因此人们理解，德摩斯梯尼呼吁大家团结，呼吁维护法律，与这种人作斗争。只有法律能保障人们的生命和财产安全。再没有哪篇为法律而作的辩护像《诉梅蒂亚斯辞》这样有说服力。没有谁能比

76《诉梅蒂亚斯辞》，17。

77《诉梅蒂亚斯辞》，87；以下的引文引自§129和§137。

他更好地证明如何靠遵守秩序来拯救民主政体。但是有必要指出,这篇对法律的热情洋溢的颂词,就产生于对专横行为盛行以及各种不义现象加剧的恐惧。应该从这个角度再读一读下面这个著名片段:“此外,如果你们想认真考虑这些现象本身,并且想找到让这一任接一任的法官拥有管理城邦一切事务的最高权力的东西(不管他们有两百人,一千人,还是随便多少法定人数的人),你们就会发现,这不只是因为他们身处聚集成群的公民中,也不是因为他们身体状况较好,或者年纪最轻,而是因为法律具有力量。可是法律的这种力量是由什么构成的?这是说法律自己会来帮助我们中间受到不义侵害的人吗?不是的:它们只是一些书面条文,实在没有这样的力量。那么是谁赋予了它们这种力量呢?是你们自己,只须强化它们,并且在任何情况下都用它们的最高权力来为需要它们的人服务:这就是为什么你们赋予法律力量,法律同样也就赋予你们力量的原因。所以应该维护法律,这等于你们受到侵犯时自己帮助自己;必须认识到,法律如果不健全,社团利益就会受到
102 损害,无论谁都会相信这一点。”[78]

必须承认,像梅蒂亚斯的这类侵害行为无论产生什么暴行,都不只是侵害个人,它还损害了公众生活和城邦管理。

德摩斯梯尼的第一篇政治辩词《诉安德罗提翁辞》(*Contre Androtion*)指控了一个人,据这位演说家说,此人不只是诉讼中所引用的非法政令的作者,他的犯法行为还很多。他品行恶劣。他父亲欠国库的钱不还,被关进了监狱,后来逃出监狱,儿子也没有偿清债务。最后,安德罗提翁归还税金的方式也牵涉到同样的舞弊行为:他不是通过正常途径,而是骗取一种非法权力,然后厚颜无耻地利用这种权力,靠掠夺和恐吓公民来达到他的目的:“这种行为可恨,而且违背所有法律,安德罗提翁无法否认它。”[79]

78《诉梅蒂亚斯辞》,223—225。

79《诉安德罗提翁辞》,59。

从这些多少有点夸大的个人侵害行为上，从梅蒂亚斯和安德罗提翁的人品上，人们发现希腊民主政体确实存在一种弊端，即法官判决并非总是能生效。

德摩斯梯尼后来抨击的可恶的阿里斯托吉顿，就是最鲜明的例子。这又是一个声名狼藉的人，他父亲被判死刑，母亲似乎也卖身为奴[80]，他自己被判罚金五塔兰[81]，然后又被判罚金一千德拉克马。由于没有支付这两笔罚金，又招致加罚两倍的罚金。阿里斯托吉顿这就成了欠国库的钱的债务人，丧失了公民权。于是，他试图显出一种有诚意的样子，接着就重操他的控诉人职业。两年里，人们就听任他这样，直到最后莱格古士起诉他。在第一篇《诉阿里斯托吉顿辞》(*Contre Aristogiton*)(似乎是德摩斯梯尼写的)中，人们可以看到，这种不正常的情况并非例外，似乎许多人就是这样以完全非法的行为为生的："他们随时随地会放肆无礼，大放厥词，无端指责他人，厚颜无耻地实施敲诈勒索(……)。而且就用这些可耻手段藐视国家中所有值得尊重的事物：法律、公民大会 103
主席、公共事务秩序，既定秩序。"[82] 这种可以说丧失了公民权的国库债务人，甚至可能有一大批；因为据这位演说家说，有人听到一点反对阿里斯托吉顿的话就马上辩驳："怎么！某某不是债务人？"每次都提出某个私敌的名字。人们要是可以非常随便地利用这种理由，这些违法情况应该是司空见惯的。

因此，在这里德摩斯梯尼的激烈反应是要维护法律：第一篇《诉阿里斯托吉顿辞》和《诉梅蒂亚斯辞》一起，是为法制写的最著名的文献。他在这方面拥有说服力："法律想要公正、高尚、实效……"[83] 和在《诉梅

80《诉阿里斯托吉顿辞》，I，65。

81　古希腊重量和货币单位。——译注

82《诉阿里斯托吉顿辞》，I，9；后面的引文引自 §91。

83　关于这句赞美语，请见拙著《论希腊思想中的法律，从起源到亚里士多德》，第162页及以下。这里所引用的句子在 §16。

蒂亚斯辞》中一样，也准确提到了法律与民主制度的联系："因为，如果你们当中有人想研究一下是什么原因让议事会开会，让民众出席公民大会，让法庭座无虚席，让任满官员心甘情愿让位于新任官员，以及让人们看到使国家得到妥善管理、安全得到保障的一切条件都能满足，那么就会发现，原因就是法律，而且人人遵守法律；因为如果废除法律，每个人都可以为所欲为[84]，那么不仅政制会垮台，甚至我们的生活也会变得和野兽的生活毫无二致。"

可是，靠遵守法律维持存在的民主政体，也要对人们拥有法律时却蔑视法律的行为负点责任；因为民主政体的原则本身就导致纵容。德摩斯梯尼在《诉安德罗提翁辞》和《诉蒂莫克拉底辞》（*Contre Timocrate*）提醒人们："请你们想一想，为什么人们更喜欢生活在民主政体中，而不是生活在寡头政体中？我们首先想到的是，民主政体在任
104 何方面都更加仁慈。"[85]因此，雅典的传统的仁慈，在伯里克利时期就已经存在[86]，并且在他之后许多对雅典的颂词中都出现过的那种宽容，不是来源于雅典人的性格，而是来源于他们的政体[87]。然而，这种仁慈有好处，也有危险：不论是涉及对外政策[88]，还是涉及城邦生活，德摩斯梯尼一生都这样提醒人们[89]。自由精神是民主的特性，仁慈是它的一个方面，德摩斯

84 我们对 G. Mathieu 的译文改动了一个词，以便人们了解索福克勒斯和吕西亚斯的话（ἐξουσίας δ' τι βούλεται ποιεῖν）。引文引自 §20。

85《诉蒂莫克拉底辞》，163；参见《诉安德罗提翁辞》，51。

86 修昔底德，Ⅱ，37，2。

87 参见伊索克拉底，《演说辞》，20，他说民主具有"最开放和最温和"之名。

88 参见《论半岛》，33；*Ambassade*（《论使团》），35。

89 在某些篇章，这种"仁慈"与现实关系的严峻相对立[《论大城市》（*Sur les Mégaloplitains*），16，《第二篇反腓力辞》（*Deuxième Philippique*），1，《金冠辩》，231，《诉梅蒂亚斯辞》，57，《论使团》，39，95，220，315 等]。在其他地方，也明确指出了它的危险：《诉梅蒂亚斯辞》，184，《诉蒂莫克拉底辞》，51，69，170，175，190，192，193，218，《诉阿里斯托克拉底辞》，156，《论使团》，104。最后，像柏拉图一样，德摩斯梯尼也希望仁慈与威严相结合[《论财政机构》（*Sur l'organisation financière*）17，《论半岛》，33]。

梯尼知道它是有代价的；但是他从罪犯判刑后极少服刑这一现象意识到，仁慈过度了。

诉讼与程序

法律就这样遭到了双重的藐视：有人恣意践踏法律，对他们的判决常常成为一纸空文。不过人们从德摩斯梯尼的著作发现了第三种无政府状态，它和制度本身紧密联系在一起：这些制度似乎就含有能致使制度瘫痪的毒素。

这些辩护词的性质本身就通过阐明公元前 4 世纪雅典的司法生活为这一点提供了证明。那时有两类诉讼非常普遍。两者都是出于保护法制和国家利益的需要产生的，但都助长了某种形式的无政府状态。

第一类是指控非法性。在法令和法律通过前，有时甚至在通过后，不论是谁，都可以起诉制定者。这种措施本来应该是给人民机会避免错误，或是对错误进行纠正，它自然具有中止法律执行的效用。然而，这些对非法性的诉讼数量似乎相当可观，而对此只有两种解释：要么民主政体立法确实不慎重，随便采用相互矛盾的法律，从而从根源上破坏 105
了合法性；要么这种无重要理由的指控暴露出一种十分常见的倾向，即要使立法活动停滞。《诉安德罗提翁辞》、《诉阿里斯托克拉底辞》、《诉蒂莫克拉底辞》，甚至还有《金冠辩》，这些辩词就是就牵涉到非法性的案件而写的[90]。

弹劾（*Eisaggelia*）程序是一类对最高叛国罪的指控，它允许任何人在议事会或人民面前起诉任何从事反民主政体或反国家活动的人。

90　M.I.Finley（《古代与现代民主》，第 27 页）指出，这是一种与我们的议会豁免权概念相反的措施：甚至在公民大会表决之后，法律的制定者仍然要对其负责。更详细的内容，参见 H.J.Wolff, "Normenkontrolle und Gesetzbegriff in der attischen Demokratie"（"阿提卡民主政体的法规审查和法规观念"）, *Sitzb. Heidelberg, Akad.*(*Phil.-Hist. Kl.*, 2, 1970)。关于弊端，参见 P. Cloché, *Rev.Ét.* anc., XXXVIII，1936，第 400—412 页。

然而，在公元前 4 世纪，这种诉讼很多。虽然辩词《论使团》从法律角度看只是一个交出账目的诉讼，但它使希佩里德斯能够起诉备受指责的腓罗克拉底和约的签订者腓罗克拉底。人们知道德摩斯梯尼如同他的祖父，也要对这样的指控进行抗辩[91]。显然，如果不是雅典政治家们违背共和政体的秩序过于经常，就是这类无重要理由的指控提供了一种使他们的活动停滞的便利手段。

因此，在德摩斯梯尼的著作中，人们往往发现，一桩案件就在诉讼与反诉之间无休止地来回变换。

《诉安德罗提翁辞》所涉及的案件是从提议向议事会提供王冠开始的：这个提议得到同意，但是有两位公民，尤克忒蒙和狄奥多尔，为了中伤安德罗提翁，指控此提议非法，随后又抓住机会提出一项与海上捕获物有关的法令；而安德罗提翁的朋友指控这条法令非法，并通过蒂莫克拉底提出一项法律，意在保护安德罗提翁；可是这项法律反过来又被指控不合法。这种司法迷津的出现，说明失序与它所造成的司法延宕的
106 现象一样严重。

人们甚至会诉诸私人范畴的诉讼：由于当时在审议和裁判这两个都由人民行使的职务之间存在着密切的交流，使得各类诉讼的关系相互接近，赋予私人案件与政治表决同样的意义。人们在使团案件中就发现证据：在埃斯基涅斯交出账目时，德摩斯梯尼和提马尔库斯指控他出使马其顿时有贪污行为。埃斯基涅斯遂进行反诉，指控提马尔库斯因为有伤风败俗和挥霍浪费行为而无权发言。这些抨击似乎都是正当的；但是 15 年来，提马尔库斯发言未曾遭到反对，也未曾招致异议。不管怎样，德摩斯梯尼放弃了指控，直到希佩里德斯指控这位使团首领，而这位使团首领已经离开雅典，这似乎表明他承认有罪。于是，第一个指控又重新受理。这样，一个案件就涉及三场诉讼，使得所有诉讼都延

91 德摩斯梯尼，《金冠辩》，249；埃斯基涅斯，Ⅲ，171。

宕了，导致结果都无法确定。

此外，关于这种三重诉讼，埃斯基涅斯强调，甚至就在单独一个诉讼中，也存在着混乱，是由一种习惯引起的，即提出其他案件转移矛头回击他人的指控。他以在这种混乱气氛下作出的评判来对抗法律的稳固和明智："可是在公民大会和法庭上，你们常常任由一些人采用诡计和欺诈手法把你们骗离所讨论的主题，并且任由自己涉入滥权最严重的诉讼中：你们允许被告通过反诉来反驳原告。这样，你们就偏离了被告应该向你们陈述的答辩，思想也被引到其他问题上，于是，你们就忘记了这个指控，并且在走出法庭时，没有惩处任何被告……在这期间，法律崩溃了，民主政体坍塌了，滥权行为大行其道。"（《诉提马尔库斯辞》，178—179）

这里不再涉及道德危机，而是涉及一种严格意义上的政治弊端；人们充分了解到，这种弊端通过多么奇特但是可以理解的翻转得以发展。这些诉讼注定要让人民对演说家的爱国精神和正直品质进行有效检验。人们曾经希望预见到一切，希望能让大家都来干预，使得任何滥权行为都不可能发生而不被觉察到。但是，为此采取的措施可能使私人之间产生仇恨；于是，就变成一些阻挠议事进程的方便的手段，而监督 107
一切的愿望最终变成了阻止一切。

因此，德摩斯梯尼的著作甚至从环境上证实了公元前 4 世纪的一种无政府状态的存在，这种无政府状态比前一世纪出现的无政府状态更难以捉摸，因为，此时它是以制度的偏离表现出来。但是，演说家的文献能让人们追踪这种弊端的更深的发展情况。人们发现，由于人民越来越依靠政令来管理，而这些政令虽然同样不能保证得到执行，却有超越法律的倾向，因此对法律的藐视最终蔓延到立法机构。

法律与政令

雅典很早就意识到这个危险：安多西德在公元前 4 世纪援引的，而且被视为上溯到梭伦本人的法律文本，就已经提出了两者的区别，这条文本说："任何政令，无论是出自议事会，还是出自人民的，都不能违背法律。"[92]

然而，创立法律和政令的，是同一个至高无上的人民。而且由于表决政令的程序更简单，因此人们运用它的欲望也强烈。德摩斯梯尼再三抱怨过政令："自从某些据说滥用其影响的政治人物擅取权利后，制定法律既不考虑时机，又不考虑形式，致使互相矛盾的法律越来越多，以致你们必须选举一个委员会来负责对它们进行分类。这种事态很久以前就存在，而到现在也几乎没有机会立即结束这种事态。政令与法律的差别更多[93]；政令是必须依照法律来制定的，可是法律比政令本身出

108 台还要迟。"[94] 所以结论很清楚：政令拥有法律的地位，反之亦然，而法律却不断更改，很快就变得还不如政令稳定。

《诉蒂莫克拉底辞》涉及的案件明确解释了这后一个过程。整个一批人被人民判处人身监禁，这是用于国库债务人的措施：蒂莫克拉底的法律提议废除这种措施，并且对以后和以前的债务人都不采取这种措施。那么，这是一项在政令之后制定，并且会判定这些法令无效的法律吗？德摩斯梯尼揭露了危险："法官，我们的城邦是靠法律和政令治理的。因此，如果有人要通过一项新法律来推翻一个法庭的裁决，那么人们会在何处止步？把这称作法律合理吗？这难道不就是挑战法律

92 《论秘密仪式》(*Sur les Mystères*), 87。参见希佩里德斯,《诉阿塞诺格尼辞》(*Contre Athénogène*), 22，以及拙著《论希腊思想中的法律，从起源到亚里士多德》, p.209。

93 亦见《诉蒂莫克拉底辞》, 30："他不是不知道，根据另一条法律，任何政令就算是合法的，也不能超越一项法律；尽管如此，他还是根据一项政令的条款提出并促使通过了一项法律，他不是不知道，那条政令的内容本身就是非法的。"亦见《诉阿里斯托克拉底辞》, 86。

94 《诉勒坡提尼斯辞》(*Contre Leptine*), 91—92。这里我们改动了 νεώτερι 这个词的翻译，它在法国大学丛书中被译成"更轻率的"。文本和涵义曾经受到大量争论。《诉蒂莫克拉底辞》, 152 的表述（参见后一页）证实不需要作任何修改。

（*anomia*）吗？”[95]

因此，“挑战法律”的现象已经渗透到合法性的根源，并且破坏了它的纯洁性——这就可能构成最糟糕的无政府状态。

不管怎样，吕西亚斯和德摩斯梯尼的这些辩词，与对所有形式的道德和制度上的无政府状态的各种控诉一起，明显给人一种印象，即一种民主政体在无谓的争吵中垮台，而敌人却在壮大。

然而，民主中的无政府状态永远是危险的，因为最终法律是权利平等的唯一保障：人人都同意这一点[96]；但是，如果遇到了一个没有这种弊端的对手，它就更危险。况且，人们不会忘记德摩斯梯尼对马其顿的腓力的优势的描述：“首先，他是绝对的主宰，独自一人领导跟随他的那些人（这对指挥战争极为重要）；其次，这些人始终是武器不离身；再者，他拥有大量财富，而且可以做想做的事情，不用通过政令来宣布，不用公开商议，不会被告密者拖进裁判事务，不会被指控为非法，不用考虑任何人，绝对唯一的主宰，至高无上的首领。而我，虽然站在与他对立的 109
立场（这就是他正研究的东西），可是我主宰什么？什么也不主宰。”[97]

这虽然是对事实的简单描述，但是德摩斯梯尼懂得赋予它们力量，于是，就变得像最透彻的分析一样令人信服。

三、失序与哲学家

然而，对无政府状态与民主的关系的分析，并非始终是含蓄的和间接提及的：它在公元前 4 世纪的理论家们那里就发展成了系统的思想——这些人就已经谴责民众没有能力了：柏拉图、伊索克拉底、亚里

95《诉蒂莫克拉底辞》，152。

96《诉克忒西丰辞》（*Contre Ctésiphon*）有同样的结论：“如果法律在城邦中得到遵守，民主政体就同时得到保护。”（我们的翻译）

97《金冠辩》，235—236。

士多德。他们在这方面更是非常严厉。在柏拉图作出强烈反应之后，另外两位在意见里给出了一些补救措施。观点也有变化，而且，这些不同的理论家，似乎几乎分担了根据从公元前 5 世纪到他们所处的世纪的无政府状态所采取的形式来提供补救措施的任务：柏拉图和伊索克拉底尤其关注道德危机，亚里士多德则更专注于政治秩序的偏离，公元前 4 世纪就已经暴露出这种偏离所隐含的严重性。

柏拉图的严厉

在所有理论家中，柏拉图是最严厉的：人们在《理想国》第八卷就能看出他的严厉：他对民主政体的无政府状态的描述非常出色，以致人们在失序的所有时期往往都采用他的术语。这种描述是讥讽的，鲜明的，冷酷无情的。人们从一系列只言片语的证据中发现这种描述时，也感觉到这种描述一边采用这些证据，一边又充实这些证据，并把它们组成一个真正的体系。

这个体系把批判分成两个时期。柏拉图先是专注于政治的无政府状态，它似乎与政体的原则本身有关；然后揭露道德的失序，它是结果，
110 而归根结底又是这种政体垮台的原因。

柏拉图反对政治的无政府状态

这两种分析[98]的第一种从自由观念出发，自由观念是任何民主政体的基础，在这里变成了所有失序现象的根源：“首先，在这样的国家里，人们是自由的，到处都充满着自由，言论自由，行动自由[99]——情况难道

98　557 a—558 c。

99　Chambry 把它译成“许可”（下同）：我们改动了译文（作者原文为 possibilité，意即能力——译注），以便更加凸显索福克勒斯、吕西亚斯和《诉阿里斯托吉顿辞》（上文第 82，100 和 104 页）对这种表达的复述。

不是这样吗？——至少人们是这样说的[100]，他说。——但是既然到处都有这种许可，那么很清楚，每个人都能随心所欲过一种有个性的生活啦。——显然是这样。”[101]

政治生活于是充满了个人分歧；按柏拉图的话说，它是“五颜六色的”，他认为这个词让人联想到一种美丽，可以迷惑一些浅薄的人，如被花花绿绿的简单东西吸引的妇女和儿童。但是，这不是一种政体：不如说这是一个出卖政体的集市，人人都从中寻找合自己口味的模式。

这种讽刺性的颂扬已经隐约表露出对这种无政府状态的指责，在这里，这种无政府状态就在其本源上与民主的理想有关。用于赞美民主政体的传统主题也反过来不利于它：不仅自由，言论自由，自由生活的权利都成了腐败之源；但是柏拉图甚至指责模范的观念，修昔底德曾利用这种观念称赞雅典政体，称她是许多政体的“模范”[102]；柏拉图把这个词变成复数形式，用分歧代替唯一的理想，用失序代替秩序，用一种根本的恶习代替人们所夸耀的益处。

但是，这只是开始：柏拉图所描述的生活使自由达到这样一种程度，致使社会生活无法为继：“但是我重申，在这个国家，你不必非要掌权不可，即使你有能力，如果你不愿服从命令就不服从，别人去打仗，你 111
也可以不去，别人保卫和平，但是如果你不要和平，也可以去破坏它；另一方面，尽管法律禁止你担任行政官和法官，但是如果你一时心血来潮，你也可以去当，就目前而言，这样的习俗岂不是妙不可言？——就目前而言，也许是，他说。”[103]

这些描述之一令人想到阿里斯托芬的《阿卡奈人》，剧中一个公民

100　这种保留意味深长：过一种自由生活这个功绩，是民主政体最引以为豪的功绩之一；但是，像人们在民主政体下所做的那样为所欲为，在柏拉图看来，无论如何不是自由的一个特征。

101　557 b。

102　Ⅱ，37，1。

103　关于这种保留，参见上面的注 96。引文引自 557 e。

就完全是独自一人缔结和约。另一个描述让人记起吕西亚斯的忒翁涅托斯或德摩斯梯尼的阿里斯托吉顿。柏拉图在把这些实际的和虚构的例子进行比较,并且把它们描述为民主政体的常见现象时,也没有把无政府状态当作一种偶发情况,而是民主政体的真实生活习惯。况且原则很清楚:“如果你不愿服从命令就不服从。”

这个被民主派这么频繁赞美的自由原则,与这种政体的特征,宽容美德结合在一起:德摩斯梯尼的《诉安德罗提翁辞》或《诉蒂莫克拉底辞》的文献说得非常明确,它们在这方面决不是彼此孤立的[104]。民主政体的这个特征通常通过“仁慈”(*praotès*)这个词来表现;人们有时也把它说成“纵容”(*suggnômè*);在《诉蒂莫克拉底辞》中,雅典的法律和传统被德摩斯梯尼描述成总是包含了“怜悯、纵容,所有这些作为自由人本性的情感”。然而,柏拉图毫不犹豫地用这两个词进行讥讽。他把每个词放在一个段落的开头,在这些段落中,他佯装颂扬这些所谓的美德,证明它们最终导致容忍一切:这两个高尚的观念反过来就变成了无政府状态的基础。

第一个观念让人联想到死刑犯或流放犯若无其事地在城里游荡,旁若无人[105];演说家们留给人们的大量判决依旧得不到执行这种印象,就
112 这样变成了夸张的描绘:辩护词说的是一般的无大错的国库债务人;而且他们是非法发言,而不是变成那种来去无踪的幽灵。

至于纵容或宽容,它不再是原谅这种或那种罪恶,而是无视可能已经形成的被人民遵从的道德原则。这种夸大使得批评更加尖锐。

在两种情况下,所有保证政治决定的品质以及保证这些决定生效的东西,因此都受到民主政体所自夸的美德本身排斥。柏拉图还能用

104　参见上面的注 89。

105　按照我们对本句的解释(其细节是疑难的,而且是有争论的),讽刺非常尖锐,竟至于在这里宽容会变成对罪犯宽容,这样,他们就不会怨恨这个把他们判刑的城市!但是解释的这层意义仍然是推测的。

"无政府状态"这个词圆满地完成他的分析："就如你所看见的，这是一个快乐的[106]、无政府状态的、五颜六色的政体"，然后为了表达充分，他突然把平等和自由结合起来，补充道："……而且它对所有人都平等，无论他们是同等的，还是不同等的[107]。"因此，所有民主原则都与各种滥权弊端有直接关系，而当时的人都把这些弊端抱怨为普通的偶发情况。

柏拉图反对道德的无政府状态

然而，这不再是柏拉图分析的首要方面。在对决定民主政体的原则进行这种思考，并描述生活方式以及在个人领域与这种生活方式相符的特征之后，柏拉图又谈到了民主政体——要证明它是怎样垮台的。和所有政体一样，问题在社会和道德方面暴露出来；而在两页半的篇幅中，人们看到了关于无政府状态发展的令人惊骇的概述[108]。

自由又成了这一切产生的根源，因为如果滥用自由，任何服从都变得不可能："如果一个受自由之累的民主国家的掌权者是一些无能的司酒官，就不再知道节制了，并且陶醉于纯粹的自由；于是，管理国家的人如果不是过分宽容，不给国家完全的自由，国家就要指控他们，把他们 113
当作罪犯和寡头惩罚。——国家实际上就是这么做的，他说。——我又说，如果有些公民服从官员，人们就嘲笑他们，说他们奴性十足，没有个性；而管理者装出被管理者的样子，被管理者装出管理者的样子，就特别能在公开场合受到称赞，得到赏识。在这样的国家，自由精神走到极端岂不是必然的吗？——怎么不是？"

表示这种弊端的词就是"无政府状态"。人们在一种作为过渡的看法中发现了它，并且使人们从不服从行政官转变到统统不服从，说这种

106　由这个希腊词令人想起的"愉快的"概念，已经出现在和缺乏约束有关的篇章中：在柏拉图看来，它当然触及谴责这种政体的目的本身的理由。

107　558 c。关于这个见解，参见上文，第 49—52 页。

108　562 e—563 a。

精神必然要渗透到“家庭内部，而且最终无政府状态还会蔓延到牲畜当中”。

在这一长串列举非常全面的现象后面，就是所有等级制度崩塌，甚至得到那些本来想维持这种等级制度的人同意。

“我的意思是说，父亲习惯了平等对待儿子，而儿子不再尊重和畏惧父母，因为他想自由[109]；外国侨民也变得和公民一样平等，公民也和外国侨民一样平等，和外国人没有区别了。

“——事情确实是这样，他说。

“——我继续说，除了这种弊端，还要补充以下一些小毛病。在这样的国家，老师害怕学生，讨好学生，学生呢，则嘲笑老师，也嘲笑他们的家庭教师。通常年轻人都跟老年人平起平坐，言行上都跟老年人争强斗胜。老年人呢，为了迎合年轻人，也表现得爱开玩笑，模仿他们，为的是不显得暮气沉沉，让他们觉着专横可怕[110]。

“——真是这样，他说。

“——我又说，可是，我的朋友，在这样的国度，滥用自由达到极点
114 的，是人们买来的男女奴隶都和买奴隶的主人一样自由[111]。更别说男人和女人同等自由了。就连人们使用的牲畜在这里都比在其他地方自由得多，不是亲眼所见还真不相信。真的，狗也像谚语所说的，跟它们的女主人一样了；在这里，马啊，驴啊，在大路上迈起步来也趾高气扬，横冲直撞，行人见到它们也要让着点[112]；到处自由都泛滥了。

109　在这种“尊重”和“畏惧”中，我们看出埃斯库罗斯在《欧墨尼得斯》中赋予了那么重要的意义的观念。至于指明目的的命题，小品词 δή 的存在，通过用引号把这个观念用括号括起来，可以说就赋予了它一种讽刺的涵义。

110　这里又用到 δή，如上一条注释所指出的。

111　这种说法采用了平等观念，这个观念直接出现在后面的句子里。奴隶的过分自由已经由伪色诺芬指出过（参见上文第 76 页）。

112　无政府状态蔓延到牲畜中让人们具体地想到雅典的生活，但是也赋予了描述一种几乎想象的成分。

"——你说的就像我做的梦一样,因为我几乎只在乡下才碰到这种情况。

"——我又说,可是你想想所有这些滥用自由的弊端积累起来后果有多严重:因为它们使得公民们受到一点约束就疑虑重重,就生气,就反抗,最后就像你所知道的,他们不把法律放在眼里,不论是成文的,还是不成文的,就是不想受人支配[113]。

——我对此实在太了解了,他说。"

这种冷嘲热讽的描述在任何时代都为《理想国》赢得了正当的名声。它表达了一种强烈的怒气,但也表达了柏拉图始终坚持的一种思想。许多年后,《法律篇》的一篇概述重复了这样的见解,即自由所产生的无政府状态不可遏制地发展,很快便蔓延到所有领域。唯一的不同是,柏拉图这回不只是对日常生活的辛辣讽刺,而是阐明无政府状态最终具有的道德和宗教意义。因为在第三卷,在提到自由过度时,他从音乐的自由开始,然后用几句话归纳:"随着这种自由,先是产生了拒绝服从权威的自由,然后人们又逃避束缚,而且听不进父母和长者的警训;
将近这条路的终点时,人们就力图不遵守法律,而到了终点,他们就不 115
再顾忌誓言和承诺了,而且一般也不再顾忌神祇了。"[114]

所以,毫无疑问,柏拉图在《理想国》中所作的这两个分析是和他对民主的无政府状态深恶痛绝相符的:这样解释了需要无情纪律的理由,他打算让纪律统治他的理想城邦,不允许个人有任何主动性,让他们的命运服从集体所操心的事务,而且最终在《法律篇》中,像许多极权政体一样,在教育、法律和国家的监督都不足以避免罪恶的情况下,准许和鼓励告密行为。

113 这里又遇到小品词 δή:参见注 109。

114 701 b—c。

柏拉图与价值标准危机

如果不在《理想国》中出现的另外两种分析之间，加上最后一种分析，这幅画就没有完成——因为它不是与民主国家有关，而是与民主的人有关。但是它关系到国家，因为它通过词义发生什么样的变动说明，无政府状态最终可能替代自由。

这回柏拉图不再跟随阿里斯托芬或一些演说家[115]，而是跟随修昔底德。在专门论述由于内战引起的道德失序的篇章中，修昔底德着重指出了词义的变化。当然，他这样做不是根据一种政体；而且人们发现，他并没有把遍及全希腊的这些失序现象与民主政体的存在联系起来。至少他进行了概述，阐明词汇的变动；并由此开辟了道路。他写道："考虑不周的鲁莽被当作要求党派成员具备的勇敢的献身精神，而审慎被看作怯懦的遮羞布，能全面理解问题的人被认为根本没有行动能力……"[116]

柏拉图进行了同样的概述。他也揭露了价值标准的危机。但是，
116 在他的著作中，说的是民主的价值标准，而且危机产生的原因是这种政体的放纵行为。也涉及民主青年的心灵悄然发生的转变，当这个悄然转变通过自然的演变，最终使旧的秩序的观念失去价值，并且激发了归根结底只是失序的观念。虚伪的道德准则占领了青年的心灵；他说，于是"它们赢得了胜利，并且把知耻说成是愚鲁，把它逐出心灵之外，把克制（*sôphrosunèn*）说成是怯懦，羞辱并驱逐了它，它们摒弃消费的适度和节制，说它土气和低贱……"。然后，人们就看到大量滥用民主的现象发生了，其中就有一种以无政府状态出现："它们控制了青年，从他的心灵中清除了美德，就像用隆重的秘密仪式给新信徒洗脑一样，这时

115 尽管德摩斯梯尼的第一篇演说是在《理想国》发表20年后发表，但是我们可以说他跟随"演说家"，因为人们已经看到其证词的吕西亚斯，对前一代人而言，显然只是一例。

116 Ⅲ，82，4。

它们就立即带来了胆大妄为、无政府状态、奢靡、厚颜无耻，它们身着盛装，头戴花冠，前呼后拥；它们唱着赞歌，吹得天花乱坠，说傲慢是有风度，无政府状态是自由，奢靡是大方，厚颜无耻是勇敢。”[117]

这一段和另外两段一样精彩；它的希腊语的形式还要精彩，其中所有的词都是形象化的，让人联想到一支狂热的游行队伍在向假神祇们表示敬意。描述达到了登峰造极的程度。

这就已经证明，柏拉图不寻求对这种弊端可行的补救方法，按他所说，这个弊端就存在于民主政体的本性中：自由和平等（至少是个人自由和算术平等）将和仁慈和纵容一样，被坚决彻底地从他的理想政体中驱逐出去。而且他的国家秩序整个地是对民主政体的失序状态的反应和反制。

如果留心他的分析就会发现，古希腊关于民主无政府状态的思考所得出的结论，似乎只会导致对民主及其原则的彻底否决。

然而，这种过激反应不应该是结论：伊索克拉底和亚里士多德都将尝试把柏拉图的谴责和捍卫一种合理的民主政体调和起来。他们还提 117
出了补救方法。

两人只是在寻求补救方法的层面上有区别。伊索克拉底尤其指责柏拉图在第二种分析中谴责的社会和道德的无政府状态，而亚里士多德尤其分析制度上的无政府状态，两种分析的第一种确定了起因，没有仔细描述它的征象。伊索克拉底和亚里士多德这种态度上的区别与两人思想上的深刻差异相吻合，也与各自为评判最近的经历所持的空间与时间的立场的差异相吻合。

伊索克拉底与道德秩序

伊索克拉底专门阐述民主无政府状态问题的论著是被称为《最高

117　560 d—e。

法院演讲辞》的演说，写于公元前355年前后，即在《理想国》发表约20年后，而就在这一年，德摩斯梯尼也开始了政治演说生涯。这是一部全面针对无政府状态的论著。

无政府状态这个词本身并没有在论著中出现。这可能是出于对民主政体的某种恭敬：因为这篇论著把民主政体跟无政府状态区分开，并且不承认无政府状态是民主政体的产物；相反，他区分出两种形式的民主政体，一种是旧式的，一种是新式的，一种好，一种差。但他描述的失序现象正是我们所熟悉的，而且就把它们和政体联系起来。

在这方面，《最高法院演说辞》与伊索克拉底的其他演说截然相反，那些演说也揭露道德上的失序现象，但是和政体的失序没有一点关系：毋宁说和帝国有关系。这样我们就在《论和平》(*Sur la paix*)中读到："由于这样的初始局面，这种力量(……)把我们带入一种任何人都不会赞同的不遵守法纪的状态(*akolasian*)。"[118]而且，由于他发现斯巴达自从行使控制权之后，其对外政策上存在同样的过分行为和同样的失序现象，他就更不会质疑政体了：他在《论和平》中甚至老是提到斯巴达的无法
118 规(*anomia*)或它的不遵守法纪(*akolasia*)现象[119]。

这种只在一个有限领域表现出来，而且在斯巴达和雅典都存在的道德失序状态，与无政府状态一点不混淆。所以，伊索克拉底觉得需要思考得更深一些，把这种失序现象与其他形式的失序现象进行比较，并且再反过来把它们与雅典的内部社会制度联系起来，这几乎不令人奇怪。由此就诞生了《最高法院演说辞》。

伊索克拉底提出一种更温和的民主政体来反对现行政体，他把那种政体归于"祖先"的时代，而且按他所说，那种政体解释了雅典的过去之所以辉煌的原因。他刚提出这个论点就采纳了柏拉图关于词义悄

118 《论和平》，77。

119 《论和平》，96和102。我们在《颂词》(114)和《泛雅典娜节献词》(*Panéthenaique*)(55)中发现类似的谴责。

然变动的观念。

伊索克拉底不是随随便便就正好抓住这种分析的。因为《理想国》提出的三种分析中，只有这一种分析描述了一种正在发生的转变，一种发展，一种恶化的状况。它让伊索克拉底可以通过一些细微的修饰来谴责像公元前 4 世纪的民主政体所产生的那种无政府状态，同时也保留了温和民主政体的理想。他因此提出了一种“偏离”的概念，正如亚里士多德想要说的。因为他把真正的民主政体的价值标准一条一条地和那些与现行政体相对应的价值标准对立起来：“从前管理城邦的人制定过一种政制[120]，对公民施行的教育不会让他们把不遵守法纪（*akolasia*）当作民主，把蔑视法律当作自由，把直言不讳当作权利平等，或者把为所欲为当作幸福，而是通过唾弃和压制这种人，使全体公民更有理智。”[121]

这回人们既不再从被抛弃的善的队列中找到一种美德的名称，也不从新产生的恶的队列中找到不明确的普通缺点：一切都变成了政治。被抛弃的善是伊索克拉底绝不放弃的民主的三个重要原则——即民主、自由、平等，除此之外，还加上作为其完美结果的幸福。至于新产生 119
的恶，就是三个几乎同义的词，三种形式的无政府状态：胆大妄为、蔑视法律和直言不讳；三者一起归纳成为所欲为[122]。伊索克拉底关心的不是善与恶的混淆，而是好民主政体与差民主政体的混淆，政治原则与其被歪曲的形式的混淆。

在他的著作中，这种要严格进行区分的顾虑想必很深，因为就在他

120　这里我们对法国大学丛书的译文改动比较多，以便更尊重与此处所援引的类似文献的亲缘关系。引文中被省略的句子成分，就已经把现行政体的“名义”的东西与它所表示的“实际”的东西对立起来。

121《演说辞》，20：我们突出了 χολάζουσα 和 σωφρονεστέρους 这两个词。

122　希腊语的表达为“行事能力……”，让人想到传统的说法：“为所欲为的能力”；尽管表达简化了，但意思归根结底是一样的：在下面引用的《泛雅典娜节献词》的文本中，我们就发现了完整的说法。

生命即将终结时，在《泛雅典娜节献词》(131)中，他几乎一字不差地复述了同样的分析，提到了往昔的雅典人："他们创立了民主政体，不是那种随便颁布法令和把放纵当作自由，把为所欲为[123]当作幸福的政体，相反是那种指责这种习俗，并且呼唤最好习俗的政体。"

这种在他看来十分重要的区别，解释了他为什么在整篇《最高法院演说辞》中能够描述在那个幸福时期占优势的与无政府状态相对立的良好秩序和法纪——带着怀旧情绪，但也怀有希望，因为过去的政体也是一种模范政体。

他长篇累牍地论述这个已然消失的世界，在那个世界，人们学会"工作和储蓄"，不觊觎他人的财产，一贯敬重神祇，不背离公序良俗，诚心诚意互相帮助，穷人与富人之间没有鸿沟。之所以如此，原因在于当时雅典议事会拥有全权来维持良好秩序[124]；议事会关心青年，考虑每个青年的处境，向他们揭露秩序破坏者(46：*akosmountas*)，为他们指引方向："因此年轻人就不会在游戏厅里、在吹笛者家中虚度年华，现在也
120 不会在这类聚会中度过他们的岁月[125]。(……)反驳或者侮辱老人，在他们看来比现在不孝敬父母更严重。"然而，这根本不是年轻人的过错，"而且我知道，其中大多数人决不乐意生活在如此严重的失序局面中"(*akolasiais*)[126]：过错毋宁说是那些篡夺雅典议事会的权力的人犯下的，并且由此结束了议事会使之占主流的理智生活[127]。

因此，按照伊索克拉底所说，进行一场十分简单的改革，就能让民主政体摆脱任何无政府状态：这种改革就是把权力归还给雅典议事会，并且重新采取古代任命行政官的方式。完全没有必要为了克服无政府

123　译文稍作改动：希腊语的用语始终是相同的。

124　39：*eutasias*。这个词在结尾重复使用，结尾提到"昔日的好秩序"(82)。

125　年轻人因而表现出审慎和明智(αίδος χαὶ σωφρσύνης)。

126　§50。在第55节这个词还被用于年轻人；同样，在第4节，愚蠢和目无法纪(αχολασία)与明智(σωφρσύνη)和节制相对立。

127　53：σώφρονος。

状态而放弃民主政体：在论著的整个结尾，伊索克拉底通过把最早的民主政体的辉煌历史和三十人寡头统治的苦难经历作对比，再三强调了这一点。

所以伊索克拉底不求创造一种理想政体：这种政体过去就已经存在，而且留下了鲜明的成功标志。理想已经成为现实。这种看法也许是虚幻的。伊索克拉底也许为过去涂上了很不真实的色彩，也许是从他以为政体成就的成功来推断出过去的美德。然而我们应该认识到，他所描述的演变，倒是符合由一系列证据描述的历史。认为这样颂扬过去是逃避现实，这似乎不太公平。

希望抓住一种发展的时机不放，或者进而恢复到过去，看上去十分乐观，可是能做到吗？至少伊索克拉底为此提供了唯一可能有效的帮助：他意识到这种恢复将是避免民主无政府状态的充分必要条件，尽可能清晰地描述了危险和补救措施；因为人们只有真正意识到一种危机的原因和严重性，才能阻止它发生。

伊索克拉底因此强烈而清醒地感觉到道德失序的危险；并且提出 121
了一种解决方法，同样是一场道德上的改革，靠政治范畴的改革来促进。不过，在他的论著中，这些政治改革依旧是模糊的。而且不确定一些制度能否从根源上消除道德失序状态，尤其是当这些改革只是对现存制度稍作修改时。

但是，人们应该能够从根源上消除严格意义上的政治失序状态。道德家伊索克拉底不关心这个问题；但是引起了哲学家亚里士多德的注意。

亚里士多德与政治纠正措施

亚里士多德与雅典的现实脱节：他不是雅典人，而且也只在雅典住过一阵子。所以他的著述既不是要反对民主政体的过度行为，也不是想改变这座城邦的政体，这就使问题最终走上纯理论思考之路。

人们知道，他的偏爱和伊索克拉底一样，倾向于一种混合政体（*politeria*），而这种波里德亚政体的性质这么好，以至于被列入三种合理规范的政体之中，而与其对立的偏离形式的政体就是民主政体。民主政体就是一种为了部分成员的利益，牺牲所有成员的利益的波里德亚政体。

波里德亚政体与民主政体的这种区分含有对后者的指责，不过似乎并没有质疑无政府状态的观念。难道这种观念在这两种政体的对立中不起任何作用吗？这会是很意外的，但情况并非如此。

亚里士多德首先提到民主政体时，一如既往进行了一些区分。他首先根据结构区分了各种形式的民主政体，而民主的无政府状态就在这种最初的分类中找到了它的位置。民主政体可以从其组织结构上来区分，一般它们都有一个共同点，即一切事务都在法律统治下进行；可是在亚里士多德所提到的最后一种形式的政体中，最高权力不再属于法律，而是属于平民群众。亚里士多德在此非常明确地指出了已被德摩斯梯尼觉察到的弊端的特征，因为在这种情况下，人民颁布的政令超
122 越了法律：“在另一种民主政体中，所有这些条件都相同，只是最高权力属于民众：当是政令而非法律决定一切时，就是这种情况。这种事态就是煽动家们的行动造成的[128]。（……）因为人民尽管是由一大群人组成的，但是变成了一位帝王，是独一无二的帝王。”同样，也说得更深刻：“这样的人民成了帝王，就力求独裁，因为它拒绝法律统治，而且变成了专制君主，以致奉承者都来恭维它；而这样的政体就相当于君主政体中的僭主政体。”[129]

128 煽动家的作用提醒人们，民主的失序就在野心层面上表现出来，关于“苦于没有地位（οἱ σπουδαρχιῶντες）的阴谋家们作为煽动家行事，而且最终使人民和法律一样至高无上”的极端民主，参见 1305 a 30。

129 1292 a。在阿里斯托芬的《骑士》中，人民也提到德莫斯的僭主政体，但是那里只涉及由帝国构成的外来僭主政体。

这第一种特征于是就导致对法律的最高权力的损害。当亚里士多德提出一种新的分类，按照经济和社会的标准进行区分，并且思忖在各个民主政体中，哪些人在权利上和事实上分享权力时，观念就变得更明确了。还是在这里，最后一种民主政体被单独提出来：就是在这种政体中，由于有津贴，人民就有实效地行使权力，而富人因为操心他们自己的事务而受到阻碍；在这种情况下，又是“贫苦大众，而不是法律，掌握国家的最高权力”[130]。亚里士多德明确指出，这种民主政体，就是“按照年代最后在城邦中出现的民主政体”[131]。演变与柏拉图和伊索克拉底的著作中所说的一样；但是法律的最高权力更直接地受到质疑，而且是同时以多种方式受到质疑。

然而，如果人们采取第一种有关结构的分析，就会意识到，法律的最高权威遭遇到的这种危机，并不是孤立地发生的：它与行政官权威的削弱有关。亚里士多德在这里明确针对由于诉讼和反诉的滥用所引起的失序，德摩斯梯尼的著作在这方面提供了许多证据；而且亚里士多德指出了严重性：“那些指控行政官的人说，作决定是人民的事；他们乐意 123
接受这种权力，而这样就削弱了行政官的任何权威。”更深入些，亚里士多德的文献表达得很明显，说到“行政官”，甚至应该理解为议事会，因为他写道：“在这种人民以公民大会的形式亲自处理所有事务的民主政体中，议事会也丧失了权力。”[132]所以，这最后一种民主政体具有专制的所有特征。

亚里士多德蔑视和排斥这种政体，认为它不再是一种名副其实的政制。在他看来，“批评这种民主政体没有任何政制，可能是有道理的，

130 1293 a，9—10。

131 这种由人民的专制来统治的应受指责的政体，在别的地方也被称为最新民主政体（1305 a）。

132 1299 b，结尾；亦参见 1317 b，亚里士多德在其中明确指出，在人民获得津贴，从而可以真实参与管理的地方，“得到很多津贴的人民作出任何裁决，正如人们从前所说的那样”；同样参见《雅典政制》，41。

因为哪里不受法律统治，哪里就没有政制。事实上，法律统治应该遍及一切，只有行政官和公民团体的决定中有特殊情况。因此，如果民主政体真是一种政府，那么，显然，这种一切都靠政令来管理的政治组织，甚至连严格意义的民主政体都算不上，因为任何政令都不具有普遍意义”。[133]

这种损害民主政体的政治弊端定义得再明晰不过了。影响立即显现出来：在亚里士多德看来，这种失序就像平民专政的另一面，差的民主政体就在失序中垮台。

他没有用无政府状态这个词来表示这种弊端，无政府状态也是不可避免的：更确切地说是滥用权力，它改变了制度的意义和作用。

然而，虽然亚里士多德更重视对国家结构的理论分析，但也没有忽视那个致使权威丧失的更日常的方面：人们自由放任，“为所欲为”。他像那么多人一样，也采用了这种习惯说法。他还指出了一种变态的政体，这种政体希望“在被看作最民主的民主政体中”形成一种违背公共
124 利益的局面，因为“人们把自由定义错了”[134]：人们以为自由和平等“就是人人都可以为所欲为的权利”。同样，他再三说，人处在某种从属地位，不拥有可以做一切事情的权利是有益的，“因为，为所欲为的权利不能防止每个人身上固有的邪恶”[135]。

这种自由放任甚至可能反过来促使民主政体垮台，因为它促使人们蔑视一切，激起人们革命的欲望。他说这种情况“会在富人开始鄙视失序和无政府状态（*ataxias, anarchias*）时，在民主政体中发生”[136]。

此外，亚里士多德抱着一种奇特的客观态度认识到，民主政体要

133 1292 a, 30 及以下。

134 1310 a, 28。

135 1318 b, 39—40。

136 1302 b, 29。在谈及麦加拉的例子时，这些词被重复使用，与另外两个词一起被援引作为证明。

国运长久，需要一定的（这让我们充分记起柏拉图所描述的）失序："奴隶、妇女和儿童的不顺从（*anarchia*），不关心每个人可能采取的生活方式"[137]，这些都是有利于民主政体的，因为群众觉得，不守秩序地（*ataktôs*）生活比有节制地（*sôphronôs*）生活更舒适。但是自由过了头也有危险："加剧了国家的失序（*ataktoteran*），使贵族更难容忍民主政体"。[138]相反，混合政体，即可能具有温和民主政体特征的波里德亚政体，据他说跟贵族政体很相似。然而，贵族政体是具有良好秩序（*eunomia*）的政体[139]。而它归结为两个特征：遵守法律，服从精英。

然而值得注意的是，在对革命进行的分析中，在为维持这种政体而提出的建议中，亚里士多德并没有更多强调道德失序的危险。只是有时在谈到中等阶层时，指出富裕教人不服从，而贫穷教人堕落。但是在总体上，他主要只提出技术性措施——由于技术性太强，在现代世界得不到共鸣，而且也不能直接针对无政府状态。事实上，身为杰出道德家 125
的亚里士多德，在希腊是把这两方面分开的第一人[140]。他已经意识到政治现象具有特殊性；他在这方面的分析严密有余，但力度不足。从中可以得知，他很明确不再表态，不再力求改革，而是只求了解。

因此，要避免柏拉图所描述的危险，民主政体应该把伊索克拉底和亚里士多德在柏拉图之后提出的建议结合起来：这两位都没有柏拉图严厉，都倾向于混合政体或温和政体，从截然不同的角度来讨论这个问题。他们彼此互为补充。

从无政府状态到僭主政体

这些道德的和政治的建议因各位作者以及他们的哲学思想而异，

137　1319 b, 29。

138　1319 a, 15。

139　1294 a。

140　实际上，亚里士多德多次说到 *akolasia*，但一直是在《尼格马科伦理学》中提到。

最终由此变成一种警告，几乎遍及古希腊文献，并且因此具有一种扩大的意义：就是这点深刻揭露无政府状态中存在一条通向暴政的途径。

在公元前6世纪，泰奥格尼斯就已经预告了这个危险。他还只是抱怨此后被金钱控制的贵族政体内部的一种变化，并且他从首领们所采取的错误方向看出未来的危险。因为在一个城邦里，靠着暴力，“坏人带坏了人民，并认可不义的权利，以便为自己谋利和攫取权力，一旦恶人尝到了这些卑劣利益的甜头，这是公众不幸的征兆，于是这种城邦长治久安的希望就破灭了——即使它现在还处在太平盛世：因为由此只会产生暴乱、公民之间相互残杀、君主制”[141]。

这种见解想必很快就成为一个经典的论据。在希罗多德的著作中，
126 在波斯阴谋分子的辩论中，我们都发现了这种见解：大流士为君主政体辩护时，就表明它就是从民主政体的失序中产生的：“你们现在把权力给人民：这种政体是逃脱不了腐败的命运的[142]；然而，公共生活的腐败在坏人之间不再催生仇恨，而是完全一样强烈的友情，因为唯利是图的人需要串通一气来欺骗社会。这会持续到某一天，某个人装作人民保护者的模样，压制这些行为；他赢得人民的钦佩，而且由于人民钦佩他，他很快就表现得是独一无二的首领（*monarchos*）；而此人的名望上升再次证明，君主政体是杰出的政体。”[143]

大流士国王的话可能看上去是一个令人怀疑的依据；可是不久后，人们就发现同样的论据被用于其他见解中，而只不过表露的是对僭主政体的担忧。在公元前5世纪，扬布里柯的匿名作者无疑就这样证明了，失序的最坏后果是产生僭主政体：“最后，只有失序才是僭主政体这种

141 45—51。还参见39—40：“科尔诺，我们的城邦正在分娩，恐怕会诞生一个人来纠正我们的可悲的过分行为”。

142 我们这里援引的是A. Barguet的译文（七星文库版）：“腐败”一词比Ph.-E. Legrand用来翻译*kakotès*的“恶毒”好；然而，这个词只不过表示被出卖：它更广泛地表示缺乏贵族的美德。

143 Ⅲ，82。

影响和性质都十分严重的祸害产生的根源。有些人思考得不对，想象另外存在着某种根源，想象人们自以为丧失自由，并且在僭主一掌权就受其压迫，自己却不负责任：这种解释不正确。因为认为国王或僭主不是产生于失序和野心，而是产生于其他原因，那是没有道理的。这种情况就是在所有人都倾向于这个弊端时才发生的。由于人们生活不能没有法律和正义，因此当人民这一边丧失了这两种善德，保持和维护它们的责任就落到了某个个人身上。要使为人民利益制定的法律不被抛弃，除了让单独一个人掌握最高权力，还有别的办法吗？"[144]

这个威胁如此明确，在文献中，它打破了此时还保持着的从良好秩 127
序的受益与失序造成的弊害并存的状态，并且成为扬布里柯所传下来的这段摘录的结论，它已经形成非常明确的态势；而且它已经和诡辩派对任何社会生活的首要条件所作的分析联系起来[145]。

然而，与柏拉图著作中这种见解所具有的广泛性相比，这种表明甚至不值一提。柏拉图在《理想国》中对所有政制的评论，目的就是要人们了解从最佳政体逐渐过渡到最差政体是怎样实现的：最差政体就是僭主政体，柏拉图认为它就是从民主的失序中产生的。

上文援引过的对这种失序现象完整而出色的描述，是一段详述，其导言是："于是，亲爱的朋友，我们来看看僭主政体展示什么样的特征；因为几乎显而易见，僭主政体的起源就是民主政体。"[146]这里明确指出的僭主政体与民主政体的演变关系，就支配着后面几页所开始的全部分析，并且阐明了过度自由是怎样导致自由丧失的。人民希望占有富人的财产；富人则试图保护自己，因此被指责反人民。他们以前不是人民；

144　634 结尾—635。

145　文献的最后几行在此没有援引，也影射了有优势的个人，他想攫取权力，但是却又不比团结起来反对他的群众势力强；这个问题，以及其论据本身，想必是现实存在的，因为它们非常容易让人想起《高尔吉亚篇》中苏格拉底与卡利克勒斯的关于运用强权的辩论。

146　562 a。

他们必然变成人民。斗争越来越激烈。于是为自己选了一位保护者(这个词和希罗多德在著作中所用的词一样)的人民,发现此人一卷入不公正的审判并且杀人,就抛弃了对别人的尊重,变成了暴君。他就像陷入了一种恶性循环:"从此时起,对一个这样的人来说,这难道不是一种必然发生的情况,并且像命中注定一样,要么死于他的敌人之手——要么变成一个暴君,变成一匹狼吗?"[147]

这种对政体演变的描述是确切的,古希腊的僭主,尤其是雅典的僭
128 主,最初就是一些保护人民不受贵族和富人压迫的人民领袖。由于这种演变得到历史证实,因此更令人担忧。

所以毫不奇怪,亚里士多德在著作中也说到过这种演变,改动不多。

在他的著作中,历史调查具有更重要的意义;因此他对柏拉图似乎接受的那种演变规律作了一些修改:他有时指出僭主政体产生于寡头政体,有时又指出民主政体变化成寡头政体[148]。不过,他一点不排斥整个分析。他承认,在古代一些时期,因为人民的首领就是军队首领,民主政体变成僭主政体的情况经常发生[149]。他也承认,在任何时期,僭主政体可以产生于极端民主政体[150]。尤其当他研究民主政体中发生的革命时,思想更接近柏拉图。因为他把这些革命归因于煽动家[151],而且描述了他们的行为,所用的词语就让人想起柏拉图:"他们时而通过错误地攻击财主个人[152]促使财主们联合起来(共同的担心甚至能使势不两立的对手相互靠拢);时而通过发动民众反对整个财主阶层。"[153]根据情

147 566 a;详述在 565 a 开始。

148 1316 a, 35 和 24。

149 1305 a, 7 及以下。

150 1296 a, 3。

151 人们再次注意到,虽然过错归于民主政体,但根本不是人民造成的。

152 Aubonnet 译文在此作了很小改动。

153 1304 b, 22—24。

况(亚里士多德举了一些例子),这要么产生寡头政体,要么产生僭主政体:无论怎样,都是民主政体的结局。

因此,在亚里士多德和柏拉图以及他们的前辈看来,民主政体垮台的危险始终可能存在。只是在亚里士多德的著作中,由此导致僭主政体的可能性不大[154]。从自由角度看,几乎没有差别:在伯罗奔尼撒战争末期,雅典的三十僭主政府,就是一种寡头政体,但是人们说他们是三十“僭主”——这完全可能像人们在没有法西斯标志的地方提到“法
西斯”,不加区别地用它来称呼一个独裁者或一个集团的威权。 129

因此,古希腊的思考不只是对威胁民主政体的各种形式的无政府状态及其征象和原因进行分析,不只是发现这种无政府状态通过哪些价值标准危机和哪些制度的悄然变化形成,而是还同样能越来越严格
地确定它可能产生的代价。 130

154　不过请参见 1296 a:“僭主政体可能从最激进的民主政体产生,也可能从寡头政体产生。”

第三章

政党与国家

使民主政体与僭主政体对立的根本对比并不会掩盖这一事实——我们知道，这个事实已经被亚里士多德揭露出来——即平民政府本身可能就是僭主政体的。据亚里士多德说，这甚至就是潜在的对它最直接的危害。如果“人民”，或者只是其中一部分的平民党派，最终实施一种专政，而其余公民的意见不再被听取，他们的权利实际上变得毫无价值，那么这种危害就横行无忌了。在这种情况下，“人民”就不再和城邦融为一体；而且在所有方面，党派的重要性都压倒了国家的重要性。

民主政体这个词本身，在其词源学意义上就反映出这个词的二义性；因为它可以表示由全体公民构成的人民主权（如当人们说“法国人民”时）；或者表示人民的统治，这里人民在公民中间代表着与其他阶级或集团对立的阶级或集团。希腊语的 *dèmos* 这个词——如法语中的“人民”——就以这两种词义使用。

统一的问题

当这个 *dèmos* 只反对国王时，不存在问题[1]。但是，随后在人民与被

1 这是在荷马时代的情况；而且，即使有某种讽刺的意味，人们在《伊利亚（转下页）

文献称为“幸运的”、“强大的”、“重要的”、“优秀的”，或者简单称为“富裕的”，在城邦中行使权力的人之间发生的分裂，就把城邦分成了对立 131
的两部分。在伯罗奔尼撒战争时期，当人们说“人民作出决定”时，这个人民指的是全体公民；可是人们也说“人民把权贵逐出城市”，这时人民指的又是一个群体。我们甚至发现，在修昔底德的著作中，始终并存着两个已知是敌对的或者至少是不和的群体：人民和其他人[2]。

雅典民主政体创立的方式本身就反映了这种对立，对立被艰难地压制了，但是在人们的思想中一直存在。

人们把这种民主政体的发端追溯到梭伦，他就曾经试图缓和这种冲突，而不是消除它。他曾经扮演过仲裁人角色，并且强迫两个群体为了城邦利益作出让步[3]。他本人就说道：“我依旧站立着，用一副坚固的盾牌保护两方，也不让任何一方以不正当的方式强占。”[4]但是他没有使这些党派联合起来，他仅仅让他们互相尊重：“我，在他们的武装对垒之间，竖立起一块界碑把他们分隔。”因此，从一开始就存在一种紧张状态，而“人民”并不等同于城邦。梭伦只是靠阻止这种敌意发展成内战，拯救了城邦。

所以，在他之后纷乱再起就不令人奇怪了。半个世纪后，僭主政体刚被推翻，克里斯提尼与伊萨哥拉斯的斗争，即人民和贵族两个阵营之间的斗争就在雅典爆发，导致向国外求援，并且在城内开战。这场斗争以克里斯提尼获胜结束，他懂得让他的党派与此前还跟他离心离德的

（接上页）特》（Ⅻ，213）中读到，相对于赫克托耳而言，国王的儿子波吕达马斯也是“人民”。

2 “其他人”有时也被称为“权贵”，或“少数人”；至于两个群体对立的例子，可见Ⅰ，24，5；Ⅱ，65，1；Ⅲ，47，1；Ⅲ，72，1；74，1；75，4—5；Ⅳ，71，1；Ⅴ，4，1；82，1……

3 参见断片10，3，尤其是24、25中 πόλις 的意义（亚里士多德，《雅典政制》，12，4）；在这最后的断片中，开头的 δῆμον 这个词可能表示公民大会，或者在必要时，用来表示平民党派。政治团体的牢固团结的观念大大超过了梭伦的作用，并且在文献的开头介绍了一种不合逻辑性。

4 断片5，5；参见亚里士多德，《雅典政制》，12，1；后面的引文出处相同。

132 人民合作。[5] 产生了一个民主政体，舰队在米堤亚战争中的获胜巩固了这个政体。共同面临的危险促使大家团结在这个政体周围。似乎从这时起，胜利的人民与整个城邦融为一体。

然而，一些这样的对抗可能会再发生：当伯罗奔尼撒战争把雅典带入困境时，就出现了这种情况。只是人民的政体从表面上看，还是所有雅典人集体统一管理的政体。

这种潜在的冲突很大程度上解释了贵族未明显表露出的失望的原因：生活在平等的政体下，他们觉得受到排斥。伪色诺芬一再抱怨平民地位比富人地位高，就是这种失望的证据：他没有说到平等，而是说到优越和占统治地位[6]。

不过，这种失落感可能还有其他更深刻、更广泛的原因。它不仅仅产生于一系列的长期斗争，贵族在这些斗争中失去了他们自认为永远合法拥有的特权：它也符合任何民主政体运转的持久特征。

公民大会实际上是由人数法则决定的，这种法则必然有利于人民。亚里士多德非常了解这种机制，它实际上就是让人民成为唯一的主宰：他在《政治学》中解释说，一个倚仗平等的民主政体，就意味着所有公民都以同样方式参与管理；不过他也补充说，“由于人民人数多，而最大多数人的意见是应该遵从的，这种政体必然是民主政体”——我们把它理解为一种其中平民党派占优势的政体[7]。贵族所拥有的权利与其他人的一样，因此事实上就是受到排斥；而他们对此实在太了解了。

这个具有普遍特征的问题，在雅典被提出来时，所用的词语表面上与我们在现代民主政体中可能发现的问题的用词非常不同。雅典的民
133 主政体不仅受到它刚刚摆脱的激烈斗争的影响：它还以比现代民主政体更深刻、更持久的分裂为基础。实际上，在古希腊，“人民”和“平民派”

5 参见希罗多德，V，66 和 69。

6 Ⅰ，1：ἄμεινον πράττειν— Ⅰ，2：πλέον ἔχει— Ⅰ，4：πλέον νέμουσι。

7 1291 b，37—39。此处是我们的翻译。

意义相同;因为这两个营垒不是因为思想或纲领不同而分离,而是因为社会的割裂而分离。此外,不存在现代词义上的党派。因此,大多数人始终站在同一边。而且词语也是这样表达的,因为平民派,或民主派,也被称作“多数派”,并且以这种方式与“少数派”对立(*polloi* 与 *oligoi* 对立)。可是在现代民主政体中,多数人会改变阵营。因此情况本身更灵活多变。而只有在多数确实在民众一边,并且打算像在雅典那样,但是以另一种形式,建立一种平民专政这种情况下,现代人的问题才和古代人的问题相似。况且,显然它的支持者最可能倾向于重新造成社会分裂,例如把“工人”和其他人对立起来[8]。

在处境不同的情况下,问题仅仅在于防止这种多数派拥有过于暴虐的权力。

按理说,在这种形式下,不该发生任何非常激烈的情况:从开始存在一种根据思想进行很广泛的选择的时候起,除了收集所有人的意见外,再没有更好的与全体公民进行商议的手段;这就是完全公平选择的原则。但是不应忘记,如果现代民主政体在纲领和思想的这种作用上与雅典民主政体不同,它们在它们都是间接民主政体这个事实上相同,即原来多年以来,人民的一票表决就把权力交给多数派。在雅典,人民会改变意见;人们甚至发现,人民坚持要表达意见。这有一些弊病,但是让道路始终向民众的积极性开放。掌权的群体以更严格的方式确定,但是,总是从头开始的磋商能够使群体的组合更多种多样。 134

雅典人民专政的经历,以及一个要人民与城邦、党派和国家都保持一致的民主政体所遭遇的困难,构成了思考的一个主题,这个主题在现代世界也可能有用。它在现代世界也显得充满活力,因为这种经验表明了,在经历过一些极端严重的危机后,包容各种党派的集体统一的观念,如何最终在事实上和学说中让人们接受。

8 具有纲领和理论的党派的存在却让人相信,这种分布不完全是社会的;统计学调查证实了这一点。

一、公元前 5 世纪的经历

人民专政的问题像那么多其他的问题一样，在伯罗奔尼撒战争期间达到最尖锐的程度。这种尖锐程度是与极端民主政体相符的，而且对外斗争的艰难更明显地揭示了与这种政体有关的危险。这种危险越来越迫切地被所有作家阐述，有的在古希腊悲剧中间接表达出来，有的在历史和政治文献中直接表达出来。

悲剧中的见证

因为悲剧这时彻底改变了展现当时的现实和城邦的形象的方式。

埃斯库罗斯与城邦的统一

埃斯库罗斯还受着米堤亚战争的光辉经历的激励，在他的作品中，城邦始终以一个整体出现，杰出的国王们总是操心公众利益，与人民齐心协力追求公众利益。甚至在涉及新近发生的事件时，如在《波斯人》（*Les Perses*）中，埃斯库罗斯也不把党争扯进来。他在表现萨拉米战役的胜利时，既不提到地米斯托克利，也不提到阿里斯蒂德。现代注释家们绞尽脑汁想证明这部戏剧是要为其中一位进行辩护，可惜都徒劳无功。同样，在涉及雅典议事会的《欧墨尼得斯》中，就在民主政体削弱
135 这个议事会的权力时，一些人力图把它看作一份反对改革的辩词，而另一些人则想把它理解成对雅典议事会在其司法职能上可以扮演的重要角色的颂词。

然而，在埃斯库罗斯的悲剧中，城邦始终是真实的、生动的、原始的。公元前 467 年的《七雄攻打底比斯》（*Les Sept contre Thébes*），主要是描述被围城市的场景，没有关注两兄弟之间的纠纷，面对完全不同

的敌人，他们的忧虑是一样的。攻打祖国的波吕尼刻斯的名字只是在公元前641年才第一次提到，他的竞争对手厄忒俄克勒斯此前还只是勇猛的首领，为城邦的安全祈祷，并且竭力拯救她。事实上他成功了。因为和传说提供的资料相反，斗争的结局是这两位国王都死了，但城市被保存下来[9]。如果说在《七雄攻打底比斯》的戏中，厄忒俄克勒斯的这个功绩因为促使他向父辈的厄运屈服的偏见而失去光泽，那么《请愿的妇女》中的国王情况就不再是这样：这部可能在公元前463年上演的悲剧，从一位国王在城邦的任何方面所作的努力，展现出他的光辉形象，他统治这座城邦，但是遇到大事也和城邦公民商议，因此征得全体公民一致同意保护请愿的妇女：因此他的理想化的形象集国王的高贵和民主政体的公民责任感于一身，难免带有某种年代错误。《俄瑞斯忒斯》中的阿伽门农就不再这样完美；但只是当战争造成大量死亡时，人民才低声埋怨他；而且当时这些埋怨只是表明他的过失，预示神祇将对他惩罚。阿伽门农一受到克吕泰涅斯特拉的打击，人民就毫无保留地表现出对他的忠诚。他也是一位杰出的国王，而且像剧中合唱队唱的那样，是"一位最忠实的保护人"[10]。

只是三部曲的最后一部《欧墨尼得斯》间接提到了城邦内部可能存在的一些纠纷；但这是为了再三要求这种灾祸不要在雅典肆虐。雅典娜与复仇女神厄里倪厄斯之间就这个诺言达成和解。这种和解甚至提供了要实现的统一的典范，因为它以坚信和一种对国家秩序共同的尊重为基础。 136

欧里庇得斯与民众暴政

相反，在《欧墨里庇斯》中，尤其是在有关伯罗奔尼撒战争第二部

9　参见792及以下；804；814及以下。不过，戏的结尾通常被看作是很久以后才添上的内容，在这方面提供了一种对比，因为它以一个分裂城市的景象结束。

10《阿伽门农》，1452。

分的戏中，人民变成了一群吵吵嚷嚷的暴虐的人，情绪激昂，连国王都对他们心存忌惮，不得不去讨他们的欢心。

如果说欧里庇得斯的《请愿的妇女》中的忒修斯还能像埃斯库罗斯的《请愿的妇女》[11] 一样和人民一起行动，那么人们发现，从公元前 424 年左右上演的《赫卡柏》起，阿伽门农就已经在畏惧人民了。戏剧展现了一位煽动家尤利西斯，他成了“迎合大众的人”[12]，一个面对士兵群众的主张战战兢兢的王中王；赫卡柏甚至还大喊大叫，听她的意思是说，任何人都不自由，因为人就是某种事物的奴隶：阿伽门农就属于“公民大众”[13]。在 16 年后的《俄瑞斯忒斯》中，他的兄弟墨涅拉俄斯不再英勇了。就是他在一个著名片段中提到公民大会的喧嚣就像熊熊烈火和暴风骤雨[14]。他尽管身为国王，也宣称不能径直行动：他只能试图赢得公民的支持，并“利用他们的过分的热情”。他说，“我应该靠机智来救你，而不是用最强烈的暴力”[15]。事实上，在悲剧的下文，公民大会就听从了一个卑鄙之徒的主张，“听信他的粗喉大嗓和胡说八道”[16]。最后，在遗作《伊菲革涅亚在奥利斯》中，阿伽门农自己就在民众和舆论面前悲叹，显得十分恐惧，自称是“群众的奴隶”；大家相继指责他，他的兄弟就问他，“群众有那么可怕吗？”他的妻子宣称，“他是懦夫，太害怕军队了”[17]。这种人民采取了暴虐的方式，不再可以与之商议了：他们只接受恭维和
137 服从。

---

11 唯一的不同是他公开涉及民主制度和人民的“君主制度”（352）。

12《赫卡柏》，132。

13《赫卡柏》，866。

14 见第 27—28 页。

15《俄瑞斯忒斯》，709—710。

16《俄瑞斯忒斯》，905。

17 引文引自 450，517，1012 句。在剧中，尤利西斯还是作为煽动家出现（525—526）；而勇敢的阿喀琉斯差一点被自己的士兵杀死；这些叫喊声盖过他的声音，因为克吕泰涅斯特拉就注意到，“民众真是可怕的祸害”（1358）。

欧里庇得斯与分裂的城邦

另外，城邦本身也渐渐显得不像一个统一的公民团体了：它被划分为截然分明的集团和社会阶级。《请愿的妇女》中有一整段有关有野心的年轻人损害人民的详细描写；之后就有一段关于三个阶级的台词——这三个阶级就是富人、穷人和中间阶层，最后者是"拯救城邦的"阶层[18]。这样的台词几乎不能被人接受。因为它看起来与剧情很不符，以至于常常被认为是后来而且是错误添加在那里的——我们认为这种看法是错误的。原来城邦分裂的现实已经开始烦扰传说的英雄们了。不久以后，在公元前429年和公元前415年之间，在《疯狂的赫拉克勒斯》（*Héraclès furieux*）中，赫拉克勒斯在冲突中展现了一个暴君形象，而且人们得知，他就是靠内战窃得权力：这种与剧中情节毫无关系的情况多次被提到[19]。几年后，在以伊翁为名的悲剧中，人们看到年轻人伊翁陷入没有戏剧效果的长时间的思索，思考他在雅典碰到的困难：他如果要力求扮演一种角色，就会"被无能的群众讨厌"，认为会遭到逃避政治的富人蔑视，而且被从政的人妒忌[20]。他没有想到"城邦"，他提到对立的群体。在公元前413年，就有《厄勒克特拉》（*Électre*），又出现一些社会范畴的详细描写。厄勒克特拉的丈夫是个农夫，代表着穷人阶层，但是骁勇无畏；俄瑞斯忒斯赞叹他的功勋，并且思考了美德与金钱的关系，之后他得出结论，应该听从农夫这类人的主张："因为有这样的公民，国家和家庭就能兴旺发达。"[21] 城邦分裂成对立的群体，在这里甚至就属于该剧的背景：通过大胆地改动传说，以及同样大胆地打破戏剧的 138
传统，厄勒克特拉生活的乡村变成了舞台。乡村远离城市、宫殿、奢华，

18 《请愿的妇女》，238—245。

19 273，543，588。参见《安德洛玛刻》（*Andromaque*），474，对城邦的纷争作了很糟糕的影射。

20 《伊翁》，595—606。

21 386—387；参见38。相反，埃奎斯托斯十分意外地代表着财富的力量（939）。

呈现纯朴而善良的人们生活的世界。当克吕泰涅斯特拉最终极尽华丽地出现在乡村时,对比显得极其鲜明。不久以后,在《腓尼基妇女》中,惯用的论据再次采用,仍然能说明问题:整部戏充满了两个敌对兄弟之间的冲突,这个冲突在埃斯库罗斯的剧中是被降到次要地位的。这回他们之间产生激烈的交锋,把城邦的利益抛在脑后[22]。各人以自己的方式来体现欧里庇得斯所处时代的冲突——甚至在波吕尼刻斯向克吕泰涅斯特拉抱怨他过穷日子的方式上。最后,上面谈到的《俄瑞斯忒斯》的悲剧,使俄瑞斯忒斯的命运取决于公民之间的冲突,甚至用一长篇记述来描述阿耳戈斯公民会议,它想必决定了英雄的命运,方式有点不符合时代[23]。代表不同阶层的人物一个接一个发表演说;在这里,最明智的人仍然是一个庄稼汉,"是唯一能够拯救国家的人"[24]。其实这个庄稼汉属于中间阶层,因为他反对总是操心要迎合大人物的传令官塔尔提比奥斯,但也反对另一个叫克里奥丰的演说家,那人甚至连公民都不是,人们认为他是那个时代的煽动家[25]。欧里庇得斯赏识这个朴实的人,并且再次尽情追忆这些纷争:他投入一段全面的详细描述中,用一些诗句把好劝告者和坏劝告者进行对比。这一段和《请愿的妇女》和《伊翁》中的那些段落一样,与上下文有非常鲜明的差异,以至于有人认为它可能和上下文没有关联。

139 因此,演变是明显的。城邦不只是变成暴虐的民众的牺牲品:鉴于民主政体这种新的发展趋势所产生的纠纷,悲剧证实城邦分裂成对立

22 只有墨诺叩斯具有城邦利益的意识;而且这篇他用来为他毕生作出的牺牲进行辩解的文献,在这方面与在类似处境下发表的其他所有演说形成鲜明对比:参见拙文"Les *Phéniciennes* d'Euripide ou l'actualité dans la tragédie grecque"(《欧里庇得斯的〈腓尼基妇女〉和希腊悲剧中的现实》), *Revue de Philologie*, 39 (1965), pp.28—47。

23 《俄瑞斯忒斯》, 885—956。

24 《俄瑞斯忒斯》, 920。

25 参见拙文"L'assemblée du people dans l'*Oreste* d'Euripide"(《欧里庇得斯的〈俄瑞斯忒斯〉中的人民集会》), *Studi class, in on. Q. Cataudella*, Ⅰ, pp.237—251。

的群体。欧里庇得斯不再可以把它当作一个整体看待了。他唯一的希望是处在由中间阶层保证的平衡中。他甚至把这个阶层引入神话的英雄世界，这就难免发生冲突或奇怪现象，不过也反映出当时的社会对立在他的思想中所占的位置。

因此可以说，欧里庇得斯见证了城邦与人民之间产生越来越彻底的分离[26]。在他的作品中，从有年代错误的三部曲到戏剧的结构，各方面都表现了这种分离：决不应该就此把它们归因于诗人个人的思想。每个时代都在受它启发创作的戏剧中得到反映；而且在一个世纪里这样发生的演变太深刻、太经常了，不会不和政治形势的变化相对应。

修昔底德与分裂的城邦

同一时期的另一些文献也证实存在这种变化，它在严格意义上的政治争论中导致许多与民主政体相关的问题出现。

修昔底德证实了这一点：当时的经历就是所有希腊城邦内部发生深刻分裂的经历。在第三卷对内战造成的混乱局面所作的著名分析中，这位历史学家甚至从中得出了分裂的原因，前章已经援引过一部分。其中他解释，使雅典及其民主政体与斯巴达的寡头政体对立的战争，几乎处处都为支持者提供了当然的求助手段，他们都把这场战争当作一次获得支持的时机。当然，雅典和斯巴达本身确实很乐意看到各个城
邦发生内斗，每次都支持和它们一派的人，以使一些新联盟能够维持， 140
或者保护旧联盟。这就加剧了政治偏见，此后就使它超越了宗教律法、道德法则或公民法律，并且超越了人与人之间除党派关系之外的所有关系。因为党派重于国家；党派领袖“把他们口口声声要为之效劳的国

26　这里阐述的思想在 1975 年 7 月在桑坦德举行的一系列讨论会上得到更充分的阐述：它们即将在马德里发表，题目是“La tragédie grecque et la crise de cité”（希腊悲剧与城邦危机）。

家利益当作要猎取的一种犒赏”。而且“城邦中一些持中间立场的成员遭到两个阵营的攻击,或是因为他们不支持党派,或是因为看到他们竟躲过劫难而觉得不甘心”[27]。

这种分裂不只是发生在实行民主政体的城邦中,而且蔑视公众利益也不是平民的唯一行为;结果同样是平民派意义的人民与公民群体意义的人民的分离。

这些纷争还没有伤及雅典,那里的人民在战争中还代表着城邦。但是这些纷争给人一种感觉,反对派越来越不耐烦了,正在伺机展示自己的力量。

只要雅典的外部局势维持不变,这种时机就不存在。只是根据修昔底德的著作中所揭露的诉讼案件和内部局势变化不定来推测,当时形势是紧张的。在西西里远征刚开始时爆发的骚乱——赫尔墨斯神像被毁、亵渎秘密祭祀仪式、导致召回阿尔西比亚德的告发和忧虑——很快表明紧张在加剧[28]。

阿尔西比亚德因此投奔了斯巴达。他叛变了。可是他为什么要叛变呢?据他自己解释,他之所以投奔祖国的敌人,当然是受一种爱国精神驱使!这句无耻的话表明了当时人们所面临的问题。

首先,它说明了流亡在这种公民责任感危机中所起的作用。因为不应该忽略希腊政治生活特有的行为,即获胜的党派要大规模驱逐最危险的反对者。在克里斯提尼时代,受斯巴达支持的伊萨哥拉斯一派
141 就是这样把克里斯提尼家族七百人撵出国门的[29]。这种做法与古代城邦国家的概念所要求的紧密团结是一致的,也是流行的惯例。有些事件,

27 Ⅲ, 82, 8。

28 关于这方面,参见 O. Aurenche 的新著, *Les groupes d'Alcibiade, de Léogoras et de Teucros, Remarques sur la vie politique athénienne en 415 avant J.-C*, 巴黎, Les Belles Lettres 出版社, 1974。

29 希罗多德, V, 72 和 73;亚里士多德,《雅典政制》, 20, 3。人数似乎很多;但是无法怀疑其真实性,而且其他情况也是类似的。

如先是引发伯罗奔尼撒战争的事件，然后是引发西西里远征的事件，都是流亡者的行动造成的：例如伊庇丹努和雷昂底恩的情况[30]。标志这场战争展开的纷争也是如此：例如麦加拉和萨摩斯的情况[31]。在这种情况下，一部分居民就遭到排挤，并被驱逐出境：这部分人要回归祖国，除了依靠武力别无他法。在这些条件下，失败的阵营绝不会甘于屈服：每个集团代表一种政体；每个集团都排斥另一个集团。

事情的这一面在阿尔西比亚德的演说中得到着力表达，他和所有流亡者都认为，回归祖国是最重要的，不管用什么手段，不管花多大的代价。

他的演说加进了修辞技巧：其中提出了一种诡辩的概念，一些人就支持这些诡辩的概念，他们认为城邦实行平民政体就不再是城邦，而是一个篡夺者国家，他们的敌人必定也像他们自己一样遭到驱逐。

这样就陷入一种悖论，把一个人反对祖国的行为说成显示爱国精神。我们还是来听听这个雅典人的绝妙推理吧："虽然不久前我还被认为是热爱祖国的，而今我全力帮助她的死敌来进攻她，但是我要求你们任何人都不要鄙视我；也希望流亡者的热情不会让人对我的话产生成见。我是流亡者，但是我这样做是为了躲避驱逐我的人对我的迫害，但是假如你们听从我的意见，我就不放弃帮助你们。另一方面，雅典最大的敌人，不是你们这些本来就与她为敌的人，而是迫使她的朋友与她为 142
敌的人。至于爱国的情感[32]，决不是在我受到伤害的地方去体验它，而是在我能安然行使我的政治权利的地方体验它；我的意思是，说我如今要去攻击自己的祖国，此言差矣：确切地说，她已经不再是我的祖国了，

30　参见修昔底德，Ⅰ，24，5；Ⅴ，4，2 和Ⅵ，6，2。

31　参见修昔底德，Ⅳ，66，3 和 75，1。

32　我们注意到阿尔西比亚德相继采用了人们可能用来反对他，而且出现在第一句中的所有词语：流亡，最坏的敌人，爱国。他对每个词都进行一次翻转：最坏的敌人在国内；爱国就要把她夺过来。

我要收复她。如果遭到不公正的放逐，却不愿去攻击她，这不是爱国，爱国就是要采取任何手段，满怀激情去收复她。”[33]

在当时的时代，这段令人惊讶的演说能够引起共鸣。阿尔西比亚德在此用擅长雄辩游戏的知识分子的语言，提出了反叛权、抵抗权、斗争权的问题。当战争结束，民主派靠武力回到驱逐他们的雅典时，一些演说家本来应该把他们跟阿尔西比亚德进行比照，尝试借这种比照来原谅他，可是他们却试图找出这两种情况的根本区别，指责阿尔西比亚德在民主政体进攻被得胜的敌人所占领的城市时，却投奔那些向他的祖国发动战争的人[34]。但是，这里第一次提出的这个抽象问题，也表明了当时流行的精神状态。阿尔西比亚德和迫害过他的政体作对，认为平民的雅典不是他的城邦：那是一个党派，不是他的祖国，而且在他看来，人民和城邦不是一回事。

面对这样的反对者，人民不再以所有人的名义行动，并且重新成为一个党派，这确实非常有道理。在标志战争末期的两次内战中，在西西里惨败后的公元前 411 年和公元前 404 年，就出现过这种情况。

在公元前 411 年，地域上分裂成的两个雅典之间存在一条有形的
143 分界线。经历过双方都司空见惯的阴谋诡计之后，城市本身落入寡头政体的统治之下，但此时军队远在萨摩斯驻扎，依然忠于民主政体。水兵对寡头政体非常不满，要打寡头政体派来的代表；他们被温和派勉强制止住了，温和派“向他们说明，敌舰当前，不该使局势恶化”[35]。后来军队再次想放弃战争，回雅典攻打寡头政体：这时是阿尔西比亚德勉强成功地制止了他们。而关于这个问题，修昔底德出于惯常的保留态度指出：“就在此时，阿尔西比亚德第一次似乎成了最能为国家效力的人：即

33 修昔底德，Ⅵ，91，2—4。

34 参见相互呼应的两篇文献：伊索克拉底的《论马拉套车》（*Sur l'Attelage*）12—15，和吕西亚斯的《诉阿尔西比亚德辞》，32—34。

35 修昔底德，Ⅷ，75，1。

如果萨摩斯的雅典人急于进攻他们的同胞，爱奥尼亚和赫勒斯滂显然立即就会落入敌人的手中，是他阻止了他们。”[36]

在这两种情况下，在两种服从之间左右为难的民主派，于是准备只以群体利益的名义行事，把国家和城邦的利益降到次要地位。如果没有人积极干预，内战就会在对外战争之前爆发。

在雅典本城内，危机同样尖锐。疯狂的平民准备进行巷战。一位温和派人士再一次靠提到城邦利益成功说服了民众：“上年纪的人竭力阻止在城里四处寻找武器的人，法尔萨利亚在雅典的利益代言人修昔底德坚持不懈地劝阻每个人，警告他们敌人近在咫尺，正虎视眈眈呢，不要闹到祖国灭亡。人们最终冷静下来，防止了两派火并。”[37]“因为他们为整个国家担心”[38]，事态于是平息下来。人们达成一个协议，这就产生一个短暂的温和民主政体时期，之后才恢复到以前的民主政体。

但是这种冲突常常是勉强避免的，公元前404年的情况就不是这样：战争的失败终于导致内战，主宰城市的寡头派和以流亡者为核心驻扎在比雷埃夫斯的“人民”对立起来。这既不是人民的错，也不是民主政体的错，而且民主派没有什么要自责的：灾难的根源只是寡头派。修昔底德认为，他们在公元前411年就已经准备叛变，并且把他们自己的成功看得比祖国的利益重要。他们尤其一心要“阻止民主政体复辟，因为民主政体会先于其他任何政体挫败他们；从此时起，他们甚至把敌人请来签订一份协议，把要塞和舰队交给他们，让他们管理城邦，不论什么条件，只要能保证自身的人身安全就行”[39]。修昔底德关于公元前411年的寡头派这样解释的理由，对公元前404年的寡头派就不再需要证明了，他们已和斯巴达缔结协议，而且全靠斯巴达的支持掌握着城邦： 144

36　修昔底德，Ⅷ，86，4。

37　同上，92，8。

38　93，3：τοῦ παντὸς πολιτιχοῦ，译文有改动（见下文第155页）。

39　Ⅷ，91，3。

他们所做的选择显然终成事实。但是，即使这不是人民的错，至少也证明民主政体不像是向所有人开放的政体，而且证明城邦的两派不可能实现可靠的合作。关于公元前411年的和解，修昔底德所称的“整个国家”[40]，是人们吁求的一种观念，但是从未在政治实践的现实中得到承认。寡头派认为人民依然是压迫者，而人民则把他们当作敌人，相互之间的这种敌意常常压倒城邦之间的敌意。

不安定与不确定

在事件中如此明显表现出来的这种骚动不安，也产生一些常常和阿尔西比亚德在斯巴达的演说同样似是而非的理由，而且同样能说明问题。像那篇演说一样，这些理由第一次提出了哲学家们要长期思考的问题，而且证实了那个因尚未被充分认识的民主政体造成的纷乱时代所遇到的困难。

其中一个问题就是一个要代表城邦的群体的权利问题。它具有两
145 种形式，在修昔底德的著作第三卷中，当底比斯人在斯巴达人面前抱怨
普拉提亚人的城市时，所发表的演说中就表现了这两种形式（61—68）。

第一种形式证明，一个少数派以在他们看来符合国家利益的政治选择的名义发动革命和战争是合理的。这个少数派就被叫做普拉提亚的底比斯人，以寡头派的名义。按照第三卷的底比斯人所说，不论是这些寡头分子一方，还是底比斯一方，都没有什么可指责的。如同阿尔西比亚德在斯巴达的演说，其中一连串巧妙的对比和精准的用词显露出修辞技巧，展现了诡辩术。但是，作出如此深度的辩解，其手法本身暴露出局势所导致的不确定。据文献说，普拉提亚的寡头派“从财富和出身来看都是上流人物”；他们希望重新找到传统的盟友；他们和其他“拥有更多相关利益的”人一样，都是公民；而且他们希望“你们中间最卑贱

40 参见第141页，注38。

的人不致变得更卑贱，最优秀的人拥有他们应有的权利；他们力图使智者变得更明智，不打算把你们的人逐出城邦，而是让你们回归你们的大家庭，不是把你们变成任何人的敌人，而是变成和所有人一样和平共处的人”[41]。实在是奇特的辩解！显然，提出的唯一理由是基于这一事实，即寡头派的主张在身为寡头派的底比斯人看来有充分根据。普拉提亚人就是他们国家的公民，他们敞开了城门迎接底比斯人。还有什么比这更合乎情理呢？人们没有提到有其他普拉提亚人，也没有提到他们的权利；人们不把当时的掌权者放在眼里：如果支持对了党派，一切都因此合法。

后面一卷又表现出类似的态度。这时，斯巴达人布拉西达斯向托伦——当时还是民主政体，并且依赖雅典的城市——的居民说明，不应该怨恨让他这位斯巴达将领进城的寡头派：“不应该把他们看作是玷污功勋的人，或看作卖国贼：他们的目的既不是要奴役这座城市，也不是为了钱财，而是为了城邦的利益和自由。”[42] 辩解的癖好鼓舞所有这些希 146
腊人，它充分表明，与政治信念和政体无关的公民团结意识，其传播的广泛程度当时是多么小：阿尔西比亚德、底比斯人、布拉西达斯都在同样意义上证明；而且，虽然他们的辩解不都具有同等的意义，但都只反映了同一种危机。

第三卷中底比斯人提出的另一种理由不太直接地表明这种危机，但与这种危机不无关系。这一回在底比斯人看来，关系到为他们的城市过去的政策辩解；而且他们明确表示，一个城邦实在不能受一个专制政府约束。乍一看，这个巧妙的理由似乎跟前面的理由是相反的，因为它认为城邦比政府重要。然而，区分的原则相同；而且，在这里，问题仍然是确定权力集团与“整个城邦”的关系。因为，在提到米堤亚战争时期及当时底比斯人所作的错误选择时，他们宣称：“在我们的城市，当时

41　Ⅲ，65，2—3。

42　Ⅳ，114，3。

的政体既不是在法律面前人人平等的寡头政体，也不是民主政体，而是一个最没有法制、最没有明智制度的政体，一个最像僭主政体的政体：一小撮人把持着整个政权……作这种选择时，我们的城邦并不能整体地[43]做主，因此它不应该因在不受法律控制之时所犯的错误而受到指责。”

后来，底比斯人也不得不为自己在战争结束时投票赞成摧毁雅典辩解：在色诺芬的著作中，他们提出这个投票不是城邦作出的，而是他们派到斯巴达同盟议事会的代表一人作出的[44]。某些雅典人也提出这种问题，想搞清楚城邦的背叛是否可以归咎于只是违心追随了寡头派的“人民”[45]。这一切令人纠结，而且被认为是一些虚伪的理由。为什么对此感到奇怪呢？亚里士多德在《政治学》中力图为城邦下定义时，让他停下来思索的，不就是这个问题吗？他说：“事实上，关于这个问题存在争
147 议。按一些人的说法，是城邦这样做，而按照另一些人的说法，不是城邦，而是寡头政体或僭主这样做。”[46]“因为一些人在想，什么时候是城邦做的，什么时候又不是。”亚里士多德以其惯有的明晰，将政府把统治一个群体——可能是平民群体——当作目的的情况，与政府以共同利益的名义行事的情况区分开。他最终得出出乎我们意料的结论，当政体变更后，城邦就不再是同样的城邦了。看先前的文献，非常明显，这种令人纠结的问题本身，以及这种答案，就从公元前 5 世纪的动荡所产生的后果中看到：当时在城邦中爆发的党争，最终使国家统一的观念，即它的连续性观念本身变得模糊不清。

恰恰相反，这些疑问，这些托词，没有一种是名副其实的民主政体的情况。但是它们至少证实，民主政体未能让人们信服它是这样一种

43 ἡ ξύμπασα πόλις，引文引自Ⅲ，62，3—4。

44《希腊史》，Ⅲ，5，8。

45 修昔底德，Ⅲ，47，3。

46《政治学》，1274 b；后面的引文引自 1276 a。

政体,即人民在其中是和城邦融为一体的。寡头政体在这方面做不到,这不重要:人们看到一个少数派强行推行它的法律就可能反感,人们会反叛它,但是人们确实不会对它不是全民的政体感到奇怪。相反,民主政体的原则本身是人人平等参与管理,也是证明其正当的理由之一。因此民主政体必须符合这个原则,而且为此应该超越其最初的形式来接受一个更广泛的形式。这就是它在这场伯罗奔尼撒战争期间仍然努力摸索着想要达到的目的。

民主政体实质上面临着一个它比其他政体更难完成的任务,如果它要逃避这个任务,就要否定自己。

怀念一个统一的城邦

对雅典民主政体而言,唯一的解决方法就是终能把城邦看作一个整体,通过一种集体的利害一致的关系,使少数派和多数派达成统一。 148

来自雅典以外的观念

有讽刺意味的是,我们发现,第一个试图达成这种统一的人,是斯巴达寡头政体的这位代表,他就显得十分乐意原谅背叛者——原因不必说了！他当然不是本着一种民主精神;但是,由于操心要为他的事业争取忠于雅典的民主派,他试图打破僵局,让雅典帝国的城市获得人人喜欢的独立。他打破了掌权的群体与被夺权的群体之间发生残暴行为的传统,是想要所有人都听从他的第一人。

他对阿堪修斯人说:"现在,倘若你们中有谁为国内的事担心,害怕我会把城邦交给某些人,因而不对我们热情相待,那他们完全可以放心！我来这里不是要掺和你们的党派之争的,而且我认为,我要是藐视你们的传统,让多数派去奴役少数派,或者让少数派去奴役全体,就没有给你们带来真正的自由。"[47] "全体"、"所有人"、"整体"（*hoi pantes*）：此后这些词就与所形成的有关城邦的新观念联系起来。

对托伦人，他也说应该为寡头派辩解；但是反过来，"不应该认为那些没有参与的人就不能获得同等的待遇。他来这里不是要毁灭任何城市，也不是要消灭任何个人（……）。因此他劝他们所有人（*tous pantas*）联合起来，同意做他的坚定盟友，从今往后，他们就必须为他们所犯的错误负责了"[48]。

这种阐述事物的方式，其目的就是用国家独立的意识替代分裂的
149 公民之间的冲突，它获得非常大的成功，许多城市都不分党派毫无保留地背叛了雅典[49]，而这样产生的危险就迫使雅典接受了和约。

由一个寡头分子提出的政治统一这种观念，能够被民主政体的支持者采纳，合乎情理，甚至变成了政体的一个特征。事实上，这种观念就在一个与雅典为敌，并且受到雅典威胁的民主政体中，找到了最鲜明的表达。

因为叙拉古就实行民主政体。修昔底德甚至认为这种情况是雅典所遇到的困难之一：它不能企望改变政体，又不能依靠有求于它的一派[50]。但是这意思不是说，敌对群体之间一点没有冲突：也许是为了估计它在所有希腊城邦中的危险，修昔底德在第六卷留心把两个叙拉古人的演说作了对比，其中一位叫赫摩克拉底，属于想必出了叙拉古僭主狄奥尼修斯的那个政治集团，而另一位叫雅典那哥拉斯，尽管不太出名，

---

47 修昔底德，Ⅳ，86，3—4。按照修辞的对称性，本来希望文句是让多数派奴役少数派，或者让少数人奴役"多数派"；实际上，所有译者，从霍布斯到胡塞尔，在这里都采用了"多数派"这个词。然而用"全体"代替"多数派"是这种新的表述法的特征；而且这种表述在受同样影响的文献中出现过。

48 Ⅳ，114，3—5。布拉西达斯明确指出，对于前一段时期，由于城邦不自由，不用负责：这点与上面所提及的争论有联系。

49 参见Ⅳ，121，1："不分党派的所有人，甚至那些直到那时还不赞同所发生的事情的人"。

50 Ⅶ，55，2。

是民主派的领袖。他反对那些有野心的青年，说叙拉古的赫摩克拉底表现得就像雅典的阿尔西比亚德。他反对这些青年，挺身而出为本身表现得是全民政体的民主政体辩护。也许在这样的情况下这种辩护是正常的；也许抗击雅典人的需要从一定程度上解释了这位演说家强调这种国家统一的理由，这种统一似乎就是这种政体所要求的。不管怎样，在我们看来，他的演说表明这种集体的、共同的、全民的民主政体首次出现了，这种政体必定会取代以前的民主派专政。

那些年轻人，如赫摩克拉底，想利用局势树立权威，雅典那哥拉斯问他们想干什么："是现在就要行使权力吗？那是违反法律的，因为你们还没有能力。你们如果有能力，法律是不会认为你们不够格的[51]。难道不想和大多数人一起享有平等的权利吗？但是，当人们都平等时，利益 150
却不平等，这公平吗？"因此，提到平等，就引向了关于民主和人民的新定义："有人对我说，民主政体既不满足有智慧的人，也不平等，那些有钱人也是最能行使权力的最佳人选。但是我说，首先，人民一词就是指全体成员（*xumpan*），而寡头政体一词指的只是其中一部分人；其次，虽然富人最会管理金钱，但是能够提出最可靠的建议的，是有智慧的人，而在受到启发之后能作出最正确的决定的，又是大多数人；而且，最后，这三种人，无论是个别的，还是一起的（*xumpanta*）[52]，在民主政体内都不加区别地享有平等的权利。寡头政体当然是要大多数人来分担危险，可是对于利益，它不仅要占有大部分，甚至还要占有全部。"[53]

显然，这篇妙文为民主政体下了一种不同寻常的定义（"但是我

51　人们可以比照Ⅵ，12，2上尼基亚斯反对阿尔西比亚德的年轻朋友们说的话。引文引自Ⅵ，38，5。

52　语句 χατὰ μέρη χαὶ ξύμπαντα 让人困惑。人们在 K. J. Dover 的注解中读到，人们期待是 χαὶ χαθ' ἑ'αστν。一个词取代另一个词是富有意义的：参见注47。句子结尾是 ξύμπαντα，没有多少意义，但是目的总是要把集体性质的东西和部分人行为的东西对立起来。

53　Ⅵ，39，1—2。

说……”):它的创新之处在于强调了这种政体开放的和集体的方面。雅典那哥拉斯从批评民主政体给予智力、富人的能力、平等(或许是几何平等,常常与算术平等的不公平对立)的位置太少出发;而且他再次使用这些词语来表明,所有人在民主政体中都有位置:富人可以料理财政(像在雅典发生的情况),智者可以出主意,而大多数人保留决策的职责,这地地道道是他们的职责。因此所有人都有份;再者,在各个群体中这些份额是相等的,使公民普遍参与合作。*xumpan* 一词就是使一些分散的,而且常常是对立的成员聚拢成一个十分牢固的整体,它的反复使用在这点上很有说服力。

151 在随后的一段演说中,雅典那哥拉斯同样坚持要求他的同胞拥护“城邦中所有人不加区别地共同拥有的利益”(用了同样的词 *xumpasi*,由于不太必要而更能打动人心),并且提醒他们,最优秀的公民从这些利益中得到的份额,“即使不是更多,也将和城邦的多数人所得到的一样多”[54]。

这种关于人民和民主政体的广泛的定义,通过召唤全民的忠诚心,于是很自然地趋于完整。毫无疑问,不排除雅典舰队可能兵临叙拉古城下(即使雅典那哥拉斯否认其现实性)的危险意识,可能促进了这样的观念发展。但是,这种看法的意义,因为其说服力和准确性,在这里超出了这位演说家,也超出了场合。

观念传播到雅典

其实,正是在这个时代,雅典的民主政体出现了以类似词语表述的同样的看法。

修昔底德的著作表明,这些看法一点都不新。从伯里克利时期起就有了萌芽,形式是个人利益服从社团利益。这还不涉及民主政体的

54 这种表达在希腊语中通过两种罕见的措辞来区分,这些措辞有冲突,但是可能还具有一种强调的效果。雅典那哥拉斯得出结论说,如果不这样做,就有可能失去一切。

固有特征；但是鼓舞伯里克利并充满他的劝勉话语的共同利益意识，在当时他所代表的这种民主政体中找到了它的位置，并让他成为全体雅典人的领袖。修昔底德在提到他时指出，他得罪了平民和富人两个阵营，之后又被所有人召回，因为"此后他们对于他个人的不满不太强烈了，而且在整个国家（*xumpasa*）需要的时候，又认为他最能胜任"。[55] 而在被修昔底德认为是他发表的最后一篇演说中，他就要求人们为国家的共同利益牺牲一切。

像索福克勒斯的《安提戈涅》中的国王克瑞翁一样，伯里克利颂扬了城邦对于个人的重要性；但是又与克瑞翁不同，强调在他看来这种重要性源出于集体的、包含全民命运的特性这一事实："因为，对于我来说，我认为，公民个人兴旺发达而整个国家却风雨飘摇，对于个人是不利的，整个国家（*xumpasan*）稳定才更有利于增加个人的利益。"[56] 全体公民联合起来捍卫他稍后所说的共同利益（*koinon*），正是雅典那哥拉斯可能坚持过的统一理想。这种看法只是较少得到传播，不太明确——因为它还不能解决一种危机，如在战争中平民暴政和党派斗争引发的那种危机。 152

可是，到了西西里远征时期，人们从修昔底德笔下的雅典演说家口中听到了一些词语和观念，是对雅典那哥拉斯的看法的真正的共鸣，尤其是阿尔西比亚德的两篇演说的情况。

第一篇是阿尔西比亚德为促成西西里远征而发表的演说。像在叙拉古的那场辩论一样，这场辩论是在个人斗争的气氛下，而且是在受野心驱使的年轻人与经验丰富的长者之间的激烈冲突中发生的。就像在叙拉古，其中所有成员人人都有位置，大家一起合作行动的城邦的观念，是对这种对立的一种反应。不过，条件是不一样的，而且这种合作不是作为民主政体的特征形成的，因为阿尔西比亚德说："希望尼基亚

55　Ⅱ，65，4。

56　Ⅱ，60，2。

斯的不要出兵的主张和他的年轻人与老年人之间的纷争之说不会让你们抛弃远征事业。这里我们拥有一个很好的传统[57]:这就是我们的祖辈让年轻人和老年人在一起共同商议,把我们的事业提升到很高的地位……因此你们要承认,年轻人和老年人,谁离了谁都会一事无成,但是,获得力量的真正秘诀,就是让最无能的人、能力平平的人和真正完美的人结合起来。”[58]

这些表述极其抽象,可能要求助于当时流行的一些主题来理解,是
153 有关一个城邦所构成的合力及有关它所能构成的联合的种类的主题。但是,“最无能的人”在什么方面能够改善合作,充实合作的力量呢?对于这种思想,医学大概不陌生。它不是强调体质的成分,即体液的平衡吗?不是强调各种味道(甜、苦、酸)构成食物是必要的吗?而其中各种成分若单独使用却可能有害。这些成分必须“混合”,就像城邦中各种思想倾向必须联合起来一样[59]。亚里士多德在其对民主商议的辩护中,想必采纳了与阿尔西比亚德在这里表达的观念相类似的观念;例如在他的著作中,他就拿事物作比喻(说杂粮混合着吃,就比吃纯粹的细粮更有益于健康),人们还从中再次发现同样表示“最无能的人”意思的希腊词[60]。因为,亚里士多德在强调唯一证实赋予人民能力的集体特征时,毫不犹豫地接受了“最无能的人”也能对最优秀的人进行评判这种见解。他比阿尔西比亚德更详细地阐述了这种见解;而且对民主政体提出异议。但是,两份文献显然都倚仗同样的传统,而阿尔西比亚德的演

57 这种传统就是民主政体的传统,在此已经更好地使思想与我们的问题联系起来。人们注意到,这种全民合作的观念在这里有利于年轻人,而在叙拉古,它就是对他们的意图的回应。

58 修昔底德,Ⅵ,18,6。

59 例如见《论古代医学》(*Ancienne Médecine*),14。关于这个广泛的观念,人们可在 H. Kalchreuter 的 *Die* Μεσότης *bei und vor Aristoteles*(博士论文,蒂宾根,1911)中找到有用的参考。

60 关于这个分析,参见亚里士多德《政治学》,1282 a 25:τούς φαύλους,亦见下文第 173 页。

说就包含了后来亚里士多德的分析的萌芽。

再说，这篇演说所表达的理论完全符合阿尔西比亚德的真实情感。他尽力在民主派和寡头派之间周旋，这样人们即使不把一些很确定的政治观念归于他，至少也认为他没有派性，带有温和派倾向，使两个极端党派都接受他的意见。况且他不是阻止了民主派走上内战的道路吗？总而言之，他本人在斯巴达的演说，就是从这种角度阐述他的政治态度的，因为他必须在斯巴达人面前为自己辩解，不仅他攻打祖国是对的，而且长期身为民主分子，支持这种在斯巴达看来非常糟糕的政体， 154
也是对的。因此，他把自己所理解的那种民主政体与其他民主领袖的民主政体对立起来，并且赋予 *dèmos*（人民）尽可能广泛的意义："人们知道，我们任何时候都反对僭主；而凡是反对专制权力的人都是以人民的名义[61]；正因为如此，我们才保留人民领袖的头衔。"在提出雅典属于民主政体这个事实的论据后，阿尔西比亚德于是定义了他的政治角色："但是，在失序盛行的情况下，我们在政治上努力保持最大的节制。却有其他一些人，在当今和在古时候一样，卑鄙无耻地把民众引上歧途[62]：正是他们使我流亡国外。我们都是全体人民（*xumpantos*）的领袖，都有责任为维持这种政体作出贡献。在这种政体下，城邦才拥有最强大的力量，享有最广泛的自由，而它对我们每个人而言，是一种遗产。"[63]

很遗憾，这么一个动摇分子竟是一个如此美好事业的捍卫者。至少这个事业是存在的。而且应该承认，一种扩大的，并且通过国家利益的共同意识联合的民主政体这种观念，正是那些著名的温和派在危机

61　我们在此修改了自己的译文，以便与雅典那哥拉斯的演说文本的关系显得更明显。

62　这些词在这里是极端民主政体的特征：如 ἐπὶ τὰ πονηρότερα 和 ἐξήγον τὸν ὄχλον。

63　修昔底德，Ⅵ，89，5—6。

时刻必须坚持的东西，使他们得以多次避免内战的发生。

也就是在这时，人们发现在雅典政治生活中出现了一个新词，被要求在其中起一种重要作用，即和谐一致（*homonoia*）的作用。

公元前 411 年，在第一次暴动之后，萨摩斯的雅典人头脑清醒过来，发誓要“协调一致地生活在民主政体下（即和谐一致地生活），并且积极进行战争”。在第一次暴动后不久，阿尔西比亚德对他们谈到“城
155 邦”，从而阻止了这些雅典人。至于城里的那些人，在内战一触即发之时就中止了，因为他们为“整个国家”[64] 担心：于是，他们决定就“和谐一致”问题再召开一次特别公民大会[65]。

结果就确立了修昔底德所赞扬的这种政体，短时间内确实如此，因为他说，“在贵族与民众之间（希腊语：在 *oligoi* 与 *polloi* 之间）建立起一种合理的平衡，这是帮助城邦摆脱已经变得糟糕的处境的第一要素”[66]。

在文献中，这种合作不是作为个人之间的和解出现的：它在制度层面上表现出来，靠采取一些间接的措施：这些措施把民主政体和贵族政体结合起来，并且让此前还互相排斥的两个阵营参与城邦的管理。这就首次出现了著名的混合政制，从修昔底德到波利比乌斯及之后，其间包括伊索克拉底、柏拉图的《法律篇》、亚里士多德，这种政制想必在他们的古希腊政治思想中占有十分重要的位置。虽说所采取的措施其政制方面的细节几乎只表现出技术方面的兴趣，但是值得注意的是，这种观念产生于城邦的危机本身，它试图通过建立一种贵族在其中拥有地位的民主政体来解决这个危机，这就是一种全民的民主政体，而不是一

64 Ⅷ，93，3。τοῦ παντὸς πολιτχοῦ；表述是独特的，而且甚至由此引起人们注意。所援引的这两段引自Ⅷ，75，2 和Ⅷ，86，3 和 4。

65 人们可能补充说，修昔底德在一篇个人的注解中宣称，倘若当时伯罗奔尼撒人进攻了，那么或者会更加深城邦的分裂，或者会约束舰队的行动，“不顾对寡头政体的敌意来援救他们的家庭和整个城邦”（96，4：τῇ ξυμπάσῃ πόλει）。

66 Ⅷ，97，3。

种平民专政[67]。

那个时代的文学作品就证明，许多雅典人都觉得这种努力势在必行。

阿里斯托芬的《吕西斯特拉忒》（*Lysistrata*）的上演比公元前 411 年的寡头政体建立早几个月；城邦的内部斗争想必以各种各样的紧张局势和阴谋诡计表现出来。这不，该剧的女主角就明确建议国民联合 156
起来，她用羊毛、纺线、织造作比喻，这最适合妇女来表述："首先应该把原料羊毛放在大盆里清洗，除掉羊毛上的粗脂，然后铺在床上，用棍子捶打，剔除其中的硬毛。同样，城邦里也要去除恶人；要像在梳毛机上梳理羊毛那样，把三五成群聚集在一起[68]密谋夺取官职的人，统统清除出去，砍掉他们的脑袋；然后就像把梳理好的羊毛放进筐子那样，把留下的普通正派公民召集起来，联合国内的外国侨民和国外的朋友，也包括国库债务人。宙斯在上，至于我国在外的殖民城邦，应该把它们都看作是掉在地上的羊毛；把它们都拾起来，集中到这里，纺成一个巨大的线团，然后织成大衣，让人民挡风御寒"（574—586）。这个比喻后来被柏拉图稍作改动用到《政治家篇》中，其中政治技艺就是国王织布工的技艺：这使阿里斯托芬的作品具有了重要意义。而它的出现和这第一次"和谐一致"的出现在年代上的一致，使它具有了现实的重要性。

要最终更好地证明这种认识的飞跃的全部意义，我们可以再举公元前 411 年后不久上演的欧里庇得斯的《腓尼基妇女》为例，他移植了埃斯库罗斯的《七雄攻打底比斯》的主题，把它描述成两兄弟之间的争斗和一个由于公民之间缺乏和解而濒临灭亡的城邦。表示"和解"的

67　人们无疑废除了寡头政体；但是，在被修昔底德最初指出的措施中，有限制全权公民的数量和取消对公共职位的津贴：于是这两个措施就把地位卑微的老百姓排除在国家的各种权力之外。

68　即那些组成政治集团的人，拥护寡头政体的人在这种集团中找到一种实用的手段来实施反民主政体的诡计。

词被反复使用[69]。更有甚者，剧中还加入了一个年轻人作为对比，因为他为祖国利益贡献了生命；在欧里庇得斯笔下的所有这样赴死的年轻英雄中，他甚至是唯一以公共利益的名义牺牲的人[70]；他最后宣称："如果
157 每位公民都为大家的利益，尽力贡献出他最宝贵的东西，城邦就会少受苦难，获得更多幸福。"[71]

这些呼吁，这些建议，这些论证或所进行的尝试，表明这场严重危机要求人们找到解救方法。到公元前 404 年，当远征失败和内战爆发结合起来产生更严重的危机时，这种愿望尤为迫切。

观念在公元前 404 年获胜

这一回人们真的相互斗了起来。民主政体获胜。人们签订了一个协定——得到斯巴达国王亲自支持。但是重要的创新在于这个协定促成了以和谐一致的观念为基础的真正和解。

协定规定，寡头派如果愿意在埃莱夫西斯安置，就能享有一个延期期限；但是也规定，在恢复的民主政体中，谁都无权攻击任何人，"指责他过去所做的事情"[72]。并且人们发誓："我发誓，既往不咎……"

这种说法不新鲜：从前党派之间达成短暂和解时就用过。例如在修昔底德的著作中就发现，在雅典与斯巴达争相争取为盟友的民族中[73]，最温和的麦加拉人就承诺"既往不咎"，而且只考虑城邦的利益[74]。

---

69 人们可以在伊俄卡斯忒和两个儿子的谈话中找到八个例子，在 436, 443, 445, 450, 468, 515, 587, 590 句：参见关于该剧的拙著，本书在注 22 中援引过。

70 "城邦"和"祖国"这些词在 25 句中重复了八次。

71 1015—1018, Marie Delcourt 的译文。

72 "三十人、十人、十一人和比雷埃夫斯的前执政官除外，甚至那些交出账目的人也除外"（亚里士多德，《雅典政制》，6；色诺芬，《希腊史》，Ⅱ，4，43）。公元前 401 年，在埃莱夫西斯的人交出账目后，和解与宣誓扩大到他们。

73 甚至就在军事斗争中，麦加拉的寡头派也避免过早采取行动，怕毁灭"城邦"（Ⅳ，68，6；71，1）。

74 Ⅳ，74，2。

但是，在发出这个誓言后不久，寡头派就杀掉了那些看上去最愿意与雅典人妥协的人。因此公元前 403 年雅典所发生的情况的特征，在誓言中[75] 和人们所掌握的事实中都没有。有记述说，阿耳客努斯，一位温和 158
的民主派分子，就曾经杀一儆百，处死了一个想挑起宿怨的公民。经过这次坚决行动，规则得到严格遵守：雅典实现了“和解”[76]。

雅典人希望实现这种“和谐一致”，很快就在一些依然很著名的情况下有了机会：事关偿还由斯巴达出借给寡头派的钱。协定规定，各个阵营偿还自己的债务；但是，人民认为这将是“和谐一致”（*homonoia*）的第一个信号，决定分担债务，于是就“共同”完成了。

这种事情以前从未发生过。这是对战争的动荡形势中所产生的所有不确定性的回应。城邦自认为对政府负有责任，哪怕它是一个遭人唾弃的专制政府。城邦自认为是统一的、不可分裂的。人民最终与整个城邦融为一体，祖国利益超越了党派利益。

公元前 4 世纪的所有作家都对这种有象征意义的新举动感到惊奇。亚里士多德指出它的独创性，他说过这是特别高尚的“政治”品行。“政治”这个词就说明了问题；人们常常就用“公民”来表达，因为它的意思就是说，公民应该具备这种品行，城邦应该具备这种品行[77]。德摩斯梯尼同样是完全赞赏，并且希望从这种态度中就能看出城邦的特征[78]。伊索克拉底专门为此写了一整篇辩词——《诉卡利马科斯辞》（*Contre Callimachos*）——赞扬这些习俗；他在《最高法院演说辞》（68）中还再次谈到偿还债务的事，他把这件事看作当时最完美的一次行动，而且他

75　此外参见希罗多德Ⅲ，49，2 和Ⅷ，29，2。这种说法可能在公元前 411 年就有人说起，因为在《腓尼基妇女》中就出现一种很相似的表达，意思是说，不应“再提从前的错处”（464）。

76　亚里士多德赞赏阿耳客努斯的这种态度（《雅典政制》，40，2）。

77《雅典政制》，40，3。

78《诉勒坡提尼斯辞》，Ⅱ。德摩斯梯尼指出这种事情发生的时期，说：“当城邦达到统一时（εἰς ἓν ἦλθεν）。”

认为这证明民主政体比寡头政体优越。三人都把“和谐一致”这个词与这个故事联系起来:这已经成为它的标志,而且必定依然是这种政体的一个口号。

伊索克拉底这样解释雅典的复兴:“自从我们团结起来,自从我们互相信任,我们就拥有了这样一种符合公共利益的正确的政治生活,任
159 何灾难都难不倒我们。从前人们认为我们十分愚蠢,十分不幸;如今我们被看作最幸福、最明智的希腊人。”[79]

以和谐一致为基础,这个新的民主政体趋于稳固。解决人民暴政问题的方法找到了,并付诸使用:应对最尖锐的危机的反应,是最正确的,也是最富有成果的[80]。于是,现代关于民主政体的观念,词的意义得到最广泛的扩展,是一种全民的民主政体,它似乎就是雅典在激烈的动荡中为未来时代的利益诞生出来的。

二、移入学说

然而,人们仍然不安地发现,这种可喜的结果竟然是全靠当时的危机产生的。虽然伊索克拉底在公元前 401 年确实可以宣称:“我们被看作最幸福、最明智的希腊人”,但在四五十年后,他就决不说类似的话了。他觉得局势糟糕透了,政体乏善可陈,公民之间不能以诚相待。在《最高法院演说辞》中,他怀旧地提到消失的和谐:“他们不是只在公共事务上意见一致(逐字逐句地:“实现和谐一致”),在私人生活方面,也互相关心,让智者满意,也让同胞满意。”[81] 他说,最贫穷的公民“不嫉妒

79《诉卡利马科斯辞》,46。

80 因此,利用像阿尔西比亚德在斯巴达的演说这样的文献来证明公民责任感在古希腊不存在,我们认为这是不合理的[参见 Pusey 的著作,*Harvard Studies in Class. Phil.*, 51(1940), pp. 215—231]:像任何事物一样,这种公民责任感也经历了危机和复兴的过程。

81《最高法院演说辞》,31 及以下。

最富裕的财主，对财主们的大家族和对他们自己的家族一样关心，因为他们认为财主家族的繁荣昌盛也是他们的财源”；同样，富人们不鄙视处境比较艰难的人，而是帮助他们。但是，这些时代已经一去不复返。160 文章是未完成的。他提到的是遥远而模糊的过去。公元前404年的和解没有在道德上实现和谐一致。而事实是，雅典政治在由欧布洛斯领导的温和派阵营和由德摩斯梯尼领导的民主阵营之间摇摆不定，根本谈不上和谐一致的或开诚布公的合作。

不再有内战。甚至不再有名副其实的寡头派，也没有这方面的企望。但是冲突在民主政体的各种思想倾向之间爆发斗争。因此，问题继续存在，只是所用的词语不太尖锐。

改革者

在公元前4世纪的雅典，最常用的解决方法是力图仿效危机爆发前雅典所经历的政治生活和政体：祖先的政制，即温和民主政体，能够提供解决不和的方法，就像解决民众盲目和民主无政府状态问题的方法一样。从斯拉雪麦格[82]到伊索克拉底和色诺芬，它的捍卫者都坚持这个观念。伊索克拉底在《最高法院演说辞》中追忆这种和谐一致，要求回归过去的民主政体；色诺芬在《回忆录》多次提到它[83]，甚至还把它与议事会的有益作用联系起来[84]。最后，当哲学家想在现实政体和曾经实行过的政体之间进行选择时，总是支持某种形式的混合政体或温和民主政体。

但是，在这方向上所做的尝试，性质不稳定，不能满足严密的思考；

82　在我们所拥有的斯拉雪麦格的似乎与公元前411年危机有关的唯一的文献断片中，说到了 *homonoia*。并且他宣称，这两个阵营事实上是联合的，而且在所有政制中，*patrios politeria*（希腊语词，“祖先的政制”之意——译注）是所有公民“共有的”政制。

83　Ⅳ，4，16；Ⅳ，6，14。

84　Ⅲ，5，16和20。

而且所提出的问题也太大，一些哲学家无法从基础上重新研究，重新思考一种真正的政治团结所需要的条件，并确定民主政体能在何种程度
161 上满足这些条件。这个不再能避开的问题就一直萦绕在柏拉图和亚里士多德的思想中。在这方面，他们的态度再次对立，他们提供的解决方法，一个是共同性的，另一个是自由的。

柏拉图，不惜任何代价的统一

柏拉图似乎支持当时流行的一种论证，即和谐一致就能形成城邦的力量；他在《理想国》第一卷和《阿尔西比亚德篇一》中就复述过这个论证[85]——且不提《克勒拓芬篇》（*Clitophon*）[86]，此篇对话以温和民主政体的一位支持者为名，不过似乎不是柏拉图所写。然而，这种论证每次都提出一个哲学问题：和谐一致，是团结的手段和力量之源，可以为任何目的服务；因此它的性质必须明确[87]。在不同情况下，和谐一致是什么样的？一个国家要寻求什么样的和谐一致？并且怎样才能达到和谐一致？

柏拉图于是提出一个原则问题。他不能只满足于对立阵营之间达成勉强持久的一致。实际上他力图定义一种这样构成的城邦，其中和谐一致是自然产生的，而且是在任何分裂发生之前就存在的。

他仍然确信，各种既有的政体灭亡，都是它们所产生的社会分裂导致的。寡头政体之所以灭亡，是因为在这种政体下，实际上存在着两个城邦，而不是只有一个："这样的国家必定不是一个，而是两个，一个是穷人的，一个是富人的，他们居住在同一片土地上，彼此之间不断勾心

85 《理想国》，Ⅰ，351 c—352 c；《阿尔西比亚德篇一》，126 c—127 d。

86 关于和谐一致，参见 409 d—410 a。

87 在伊索克拉底的《泛雅典娜节献词》（226）中，在谈到所表达的和谐一致时也出现这个问题。

斗角。"[88]穷人起来反对富人,获得了胜利,于是就产生了民主政体。而当穷人由于总是嫉妒和苛待富人,激起富人反对这种政体,就轮到它遭遇灭亡的危险:穷人害怕了,于是就委托一位保护者来保护,这位保护者很快就变成僭主。于是这样的分裂便导致两派轮流掌权,首先是富人, 162
然后是穷人,双方都违背对方的意愿行使权力。那么,怎样才能避免这种分裂呢?

按照柏拉图的主张,为此应该从一开始就建立这样一种城邦,其中每个人都坚守自己的位置,并且对这个位置感到满意:《理想国》表达的全部思想就是要定义这种和谐,它与正义融为一体。

在这样的政体下,"节制"(*sôphrosunè*)的美德"遍及整个城邦的所有公民,无论是卑贱阶层,上流阶层,还是中间阶层,在他们之间产生一种完美的一致,把他们安置得中规中矩,例如他们的才智,或者如果你同意的话,还有他们的力量,或者人数、财富或某种别的这类优势;以便我们完全有理由说,"节制"就是这种和谐一致,就是地位优越的和地位卑贱的两部分人达成协调,决定应该由其中哪部分人对国家和对个人进行统治"[89]。

为了设想一个符合这种原则的国家,柏拉图必须一开始就防止造成分裂的社会差别扩大:《理想国》中的共产主义就以此为目的。

这种共产主义想必不是一个孤立的解决方法。在公元前392年,阿里斯托芬就在喜剧《公民大会妇女》中想象到,妇女掌握了权力后立即提议进行两种改革:财产共有和妇女共有;他开玩笑地想象出这两种措施所产生的离奇后果,他显然没有虚构这两种措施。事实上,在当时已经存在许许多多种学说,即乌托邦理论,其中原则大致是共同管理国家。这些学说可能借自毕达哥拉斯政治学,其中共有制与和谐占据重

88 《理想国》, 551, d。后面的见 556 e。

89 432 a:我们复用了 Chambry 的译文中的"协调一致"这个词,以使柏拉图的学说与这个观念以前的发展之间的演变关系更加明显。

要地位。至少人们能按照亚里士多德在《政治学》中所作的批判，对这是些什么样的学说产生概念。他这样提到，卡尔西顿的法里亚斯就在其宪法规划草案中主张公民福利要严格平等，也提到，米利都的希波达莫斯在其规划中把人口分成三个等级，把土地分成三部分，一部分是圣
163 地，一部分是公共土地，只有最后一部分是私人土地，分给农民[90]。这些不同的规划想必都是通过一种解决纠纷的方法产生的，在公元前5世纪末，这些纠纷险些消除了公民意识，破坏城邦统一[91]。在柏拉图看来这显而易见，因为他不只是把这些纠纷的场景和他的理想政体进行对比，还记得把他的陈述所提出的结局和陈述的各个阶段进行对比。

因为《理想国》的共产主义并不倚仗每人享有相同福利的权利，而是倚仗所有人意见达到一致的需要。确实如此，在这个理想城邦中，财产共有只限于没有私有财产的护卫者：他们没有操心事，也没有欲念，这样他们才会去学习为公共福利效力。一点儿私有财产就能使他们不是成为城邦保护者，而是成为暴君，“仇恨人民，也被人民仇恨，追杀人民，也被人民追杀”（417 a）。所以这第一种措施是不完全的，而它的目的只在于间接保障集体福利。

不过柏拉图显得更大胆：在第五卷，他阐述了三个措施，这些措施最难被人接受，但是在他看来是一个完美城邦的生存所必需的条件。在这三个他必须跨越的“浪头”中，第一个是女孩和男孩中间的教育共有，第二个是妇女和儿童的共有制。然而，很明显，这些措施的目的就是统一。由于这些措施，所有人之间就会达成和谐一致，同甘共苦；这都是为了国家最大的利益：“对于一个国家而言，还能找出比把一个国家分裂成许多国家更大的罪恶吗？还能找出比统一国家使之成为一个

90 Ⅱ，1266 及以下。

91 不管怎样，《公民大会妇女》的女主角们提到使城邦瘫痪的社会分裂：“要把军舰开出去吗？穷人们赞成，而富人和农民反对”（197—198）。相反，新的生活方式将是“大家共有的”。

整体更大的功绩吗？——不能。——那么，使人们团结起来的，不就是在全体公民面对同样的成功和灾祸同喜同悲时，这种同甘共苦的感受吗？——确实是，他说。——相反，导致人们分裂的，不就是悲喜的独自感受吗（……）？这种情况是怎么造成的？难道不就是因为所有公民不能异口同声地说这是我的，那不是我的吗？”[92] 164

在柏拉图的著作中，共产主义于是成为统一的条件，唯有它能避免一群人对另一群人的暴政，这种暴政产生于双方的纠纷和相互的畏惧。

在这方面，使用共产主义这个词想必不会让人联想到毫无根据的比照而产生误解。古代共产主义，如柏拉图著作中出现的共产主义，与人民及其权利无关。相反，它的目的是防止人民的专制，这种专制使由分裂产生的损害和无能力所造成的损害结合起来。此外，这种共融在他看来本身不是目的：它仅仅能够让人们一摆脱个人的卑劣，智者就在各个层面转向追求真正的目的，并且发扬美德。事实上，《理想国》的前两个“浪头”如果不和第三个“浪头”结合，就没有任何意义，这第三个“浪头”就是让哲学家掌权。柏拉图的共产主义就以这样的方式，最终在长期怀有这种意愿的哲学家的领导下，实现公民的统一；结果，它的目的不是追求平等，而是追求建立一种人们乐于接受的和谐的等级制度。

柏拉图寻求一种和谐一致

柏拉图自己不是不知道，他在勾画一幅几乎无法实现的理想图景。但是，把全民统一放在首位这种观念，在他后来提出的更现实的规划方案中，在《政治家篇》或《法律篇》中，都再次出现。

在《政治家篇》中，柏拉图定义了一个国家治理技艺的典范；不再

92　462 a—c。

跟社会中相对立的富人和穷人有关,而是跟在实施政治活动中使他们联合起来的美德有关。然而,和谐与一致的观念仍然是至关重要的目标,治理国家的技艺就定义为让各种力量形成合力。著名的织造织物的比喻说明了这种技艺,就是像把经纱和纬纱编织起来那样,使刚柔相
165 济,避免刚毅和节制这两种相互对立的性格彼此孤立,产生过分的行为致使国家毁灭:政治家的技艺“努力束缚全体公民,把他们交织在一起”。他要这些性格的人联合起来——就像修昔底德著作中的阿尔西比亚德要年轻人和老年人联合起来一样——并且把他们组织起来——不是像在阿里斯托芬的喜剧中,为人民编织一件大衣——而是编一件既牢固又柔软的织物,就是构成城邦的材料。“因为这就是国王的编织技艺:决不让节制性格和刚毅性格产生对立,而是通过智者相互交流来共享信念、尊重、荣耀,把它们织成一种柔韧的、像人们所说的致密的织物。”这样,“当国王的技艺靠和谐一致和友爱,使刚毅性格和节制性格的人的生活相结合,在各个城邦,不论是奴隶还是自由民,都被编织进致密的整体,没有缺陷,没有瑕疵,使整件织物显得最华丽、最高贵,以这种方式来统治和领导城邦,确保它享有完整的幸福,这样政治活动的编织工作才最终完成”。[93]

这个比喻所处的层次,不再是伯罗奔尼撒战争期间所存在的社会斗争的那种层次;但是柏拉图所追求的目的是应对这些危机,不再仅仅靠和谐一致,还要像他所说的那样,靠“和谐一致和友爱”,使城邦的各种成分越来越紧密地联合成为一个不可分离的整体。这脱离了实际经验;而初始动力和内部冲动是在接触这种经验时形成的。

此外,人们在《法律篇》中更直接地再次发现《理想国》的学说的两个方面:批判分裂和追求和谐,程度更温和。

对分裂的批判在第三卷。其中不再抽象地说明使政体垮台的原因,

93 311 c。句子最后部分的译文稍有改动。前面部分的引文引自 310 e。

而是追忆希腊历史上使各个重要国家灭亡的实际原因。使城邦壮大的原因始终是使其中各种成分协调；而使城邦灭亡的原因始终是分裂。 166

在斯巴达，协调是以混合政体形式存在，各种势力在其中互相包容。[94]柏拉图的赞扬在这里更清晰地让人想起修昔底德对公元前 411 年建立的和解政体的赞扬。

协调也存在于居鲁士大帝的波斯，归功于“约束和自由程度之间的比例”适当，使国家迅速壮大，因为当时在士兵与将军、臣民与国王之间存在友爱。“所以那时候，由于自由，由于团结，还由于大家意见一致，人人都获得成功。”（694 b：*koinonia*）

最后，协调还存在于米堤亚战争时期的雅典，当时国难当头，迫使人们服从法律，公民之间激发起深厚的“友爱之情”（698 c：*philia*）。

相反，伯罗奔尼撒的国家就是因为分裂导致了灭亡。变成专制国家的波斯自己的协调也中止了；统治者不再以被统治者的利益为目标，所以在危险时刻，他们在人民中再也找不到“团结，找不到敢于冒险参加战斗的坚定意志”[95]。由于没有共同意志[柏拉图称之为“友爱和共融”（*koinon*）]最终酿成灾难。过分的自由使雅典毁灭，正如过分的专制使波斯灭亡一样[96]。为了促成公民之间的团结，这些原则之间应该保持一种平衡，使权力和自由相结合。

因此，这种见解就是《理想国》第三卷中的见解，几乎就是它的具体援用。同样，《法律篇》中的规划，其目的就是尽可能达到《理想国》所提到的理想城邦的完美统一。

那么，政体和法律的原则本身会是什么？这种政体不会只是“统治 167

94　691 d—692 d。

95　697 d—e。

96　对这些过分行为的描述非常生动，但是它们实际产生的恶果只是间接提到，通过对米堤亚战争时期的一些假设（699 c），通过暗示标志着泰坦巨人的生活的持续暴力（701 c），或者还通过证实过分行为对实施者都“毫无益处”（701 e）提到：在柏拉图看来，无政府状态本身就是灾难。

和奴役其中部分公民的政治集团”的任何普通政体：要避免这种弊端，应该确定制定法律所遵循的意愿，并且对城邦进行重新思考：因为往往“如果存在权力之争，胜利者就要全盘执掌公共事务，决不让失败者本人及其后人分享半点权力，而且时刻监视对方，谨防有人造反夺权，对过去遭受的痛苦实施报复。这时我们断定这不是政治制度，而且不是为整个城邦（*sumpasès*）的共同利益制定的法律，更不是好法律；它们只是有利于我们所称的党派分子，而不是有利于公民，那些人声称要赋予公民权利，不过是虚假的允诺而已”[97]。所以，只有具有城邦意识的人才是公民；只有为全民的利益制定的法律才是真正的法律。

把公共利益放在首位（在整部《法律篇》中，这种挂虑无处不在）因此从一开始就和超越政治党派的对立，建立统一城邦的热切愿望联系起来。

这里不详述针对这种挂虑所提出的法律，但至少应该提醒大家，柏拉图在提出激励公民的重要的宗教和道德原则之后，带着某种夸张再次回到理想城邦及其完美统一的观念：“如果人们尽可能以各种方法使任何东西，甚至那种本质上属于个人的东西，如眼睛、耳朵、手，都成为共有的，以致从表面上看，大家都一起看，一起听，一起动作，使得大家称赞什么和指责什么都尽可能异口同声，因为同样的原因喜怒哀乐，最终制定所有最完善的法律，使城邦尽最大可能达到统一，谁也找不到比
168 这更合理、更好的规则。”[98]

但是，因为需要描述一个不太完美而又更接近我们的城邦，一系列规则将至少保存它的主要优点。财产依然存在，不过是在受到严格监督的条件下。个人不占有金银。土地尽可能平等分配，增减土地都不能超出某些非常严格的限度。这样就能避免“最糟的灾祸，其正确的名称最好是纠纷，而不是派别之争”（744 d：是 *diastasin*，而不是 *stasin*），

97 715 a—b。

98 739 c—d。

而它就是由贫富差别造成的。同样，也存在婚姻，但是受到控制和指导。孩子的教育也按照明确的强制原则进行，人人所受的教育都一样。女孩和男孩接受类似的培养。这不再完全是《理想国》中的全民一致，但是人们尽可能相近。

至于柏拉图所描述的各种制度，它们试图把各种原则结合在一起：抽签、选举、公推，方法花样繁多[99]。这种方法的混用想必能使它们相得益彰；柏拉图在谈到祭司及其任命时说到这一点："在城邦的每块土地上，都让平民阶层与其他阶层混居，从而使他们能够和睦相处，尽可能始终和谐一致。"[100]

和《理想国》提出的政体相比，《法律篇》提出的政体离现代意义的共产主义更远。首先，这是一个混合政体，采用了寡头政体的纳税选举制。其次，其精神具有深刻的宗教性质，提出的首要目标仿效神的律法，以及要通过实践美德来赢得神的欢心。因此，柏拉图的城邦团结归根结底不是以人们的利害一致为基础，而是以善的一致这种观念为基础，这种观念属于神的本质。

《法律篇》另外创立的生活方式，是为原本不完善的城邦提出的，却是以团结为目的。但这种团结很难实现，并且时刻有瓦解的危险，因此 169
需要一些严厉的管制方法，防止或惩处违法行为。政体是极权制，受到严密监督，并且闭关锁国。这些预防措施容易理解。它们始终牵涉到一个事实，即要保护的政体既然力图实现严密团结，就不能容忍半点不同政见。而这又证实，《法律篇》中提出对城邦严密监督，更多的是维护这种团结的原则，而不是反对无政府状态[101]。

99　柏拉图自己解释，这种制度是介于君主制和民主制之间的"折衷制度"（*meson*）（756 e 及以下）。

100　759 b：我们在 Chambry 的译文中恢复了"和谐一致"这个词，它使论题和词语的持续性更加明显。

101　参见上文第 116 页。

于是,从《理想国》到《法律篇》的这种转折,证实了雅典民主政体的分裂和对立所暴露出的问题的严重性。可是,柏拉图的转变达到这样的程度,他的回答是只有通过拒绝民主政体和建立几乎对立的政体,才能维持统一。这里还应该有待于亚里士多德从更现实的角度来研究这个问题,并提出一种可行的解决方法,使国家超越党派的原则与民主政体的原则本身协调一致。

亚里士多德与混合技艺

亚里士多德对柏拉图的解决方法进行了深刻而严厉的批判。在他看来,一个城邦可以或者必须以柏拉图所设想的统一为目的,而且柏拉图建议采用的方法可以促使公民之间的关系更加紧密,这是不对的。城邦的统一是靠多样性维持的,而且亚里士多德在这方面是个自由主义者。

统一与多样性

他不承认城邦的统一以全体公民彼此相仿为基础。一个城邦的全体公民如果都像柏拉图所希望的那样,彼此都相仿,那么就不再是一个城邦了,因为"城邦原本就是复杂多样的"[102]。它由许多个体组成,而且这些个体彼此不同:"一个城邦不是由彼此相仿的人组成。"而且这样更
170 好,因为唯有这种多样性才使得公民具有各种禀赋,确保国家本身就能够满足自己的需求。

这种多样性的意识,甚至多样化的意识,是城邦必不可少的,它在职业层面上并没有被柏拉图忽视,甚至每个人的禀性都没有被忽视[103];但

---

102 《政治学》, 1261 a, 18。后面的引文引自第 24 行。

103 关于职业的多样性,参见《理想国》, 369 e 及后文;关于人的禀性,参见《政治家篇》, 309 b 及以下。在亚里士多德的著作中,这种职业多样性导致国家中的所履行的职

是他希望在情感和个人之间关系的层面上消除多样性。而亚里士多德却从未停止过吁求这种多样性。在第三卷，他还提醒人们："城邦由不同的成员组成……因此，结果必然是不存在对全体公民而言唯一的美德，正如对一个合唱队的全体队员而言，领唱者和一般队员的水平就不同。"[104]这种差异是重要的。它说明亚里士多德和他的前辈思想家及柏拉图本人截然不同，他已经了解政治行为的特性。当古希腊的老传统一直寻求对个人和国家都适用的解决方法和原则时，国家的混杂性质却总是在亚里士多德的著作中出现。

此外，他认为靠像柏拉图希望做的那样消除一切差异，是产生不了真正的团结一致的。每个人从个人来看有用的东西，全体公民从集体来看并非有用，反之亦然。尤其是儿童全民共有，不能使大家体验到对青少年的父爱，却会使每个人对此都漠不关心；人们主要关心私有财产，而一种这样扩大的关系会因此变成一种更松散的关系："每个公民将有一千个儿子，因此就不是每个公民的儿子：随便某某人是随便某某人的儿子，结果是谁对他们都不关心。"[105]而且亚里士多德得出结论："其实一个真正的堂兄弟也比这样的儿子强。"这种共有的结果于是破坏了对任何国家都至关重要的友爱，这种友爱之情可以说被冲淡了："人有两种动力，利益的动力和友爱的动力，即财产和爱；然而，在这种国家的 171
公民那里，两者都没有位置"，这种国家就是柏拉图式国家。人们发现，亚里士多德注意到了对柏拉图来说仍然陌生的心理学因素；这些因素使他无论如何要排斥公民之间的相似性：城邦不能被看作个体的一种简单放大；而且个人之间关系融洽不是以抑制个人情感为基础，而是以明智地利用这些情感为基础。

这就抛弃了柏拉图的共产主义；但这种抛弃本身归因于一种考虑，

能的多样性(《政治学》，1328 b 及后文)。

104　1277 a。

105　1261 b 结尾 —1262 a 1（我们的译文）。结论在 1262 a 14。

要在国家内部实现一种更好的协作。

亚里士多德把人定义为“政治动物”，生来就要在城邦里生活[106]，实际上他不会忽视真正的政治团结的重要性。他甚至在批判柏拉图体系时宣称：“我们认为友爱是城邦最高的善，因为它是避免纷争的最佳手段。”[107]而且他的全部思想似乎受这种集体特性的观念控制，这种特性能让人辨别政治行为，而且想必同样存在于其目的之中。

本书已经援引过亚里士多德关于民众无能力的文献，证明人民作为集体比任何个人或者任何个体的群体优越，这时人们就已经能产生一种观念了[108]。在这点上鲜明地出现了所有那些令人联想起全体人民的观念的词语，公元前5世纪的思想中就见证了这种观念的普及：因此，民众决策的优越性不是在每个人被孤立考虑的层面上表现出来的，而是在“全民”（*sumpantas*）的层面上表现出来的[109]。同样，允许人民有效参与议事和审判的条件，就是人人参与：如果不是“所有人团结起来”，个人的能力就可能很弱[110]；群众如果不是单枪匹马，而是“抱成团”，其优势就无人能比[111]。以前的文献渐渐萌生了广义的民主政体的观念，在
172 它们的启发下再读亚里士多德的这些篇章，就觉得它们似乎是出自同一种传统。亚里士多德不是有点像修昔底德著作中的阿尔西比亚德那样，也说过混合比精挑细选更可取吗？“所有人团结起来，实际上就拥有了充分的辨别力，而且由于混合了最优秀的公民，就能为国家效力，这就像杂粮和细粮搭配着吃，比少量纯细粮更有营养。”[112]而且，像是为了更像阿尔西比亚德说的话，亚里士多德甚至为公民团体这样的混杂

106 1253 a 3。
107 1262 b 7。
108 参见上文第67—69页。
109 1281 b 2。
110 1282 a 17。
111 1283 b 34。
112 1281 b 35及以下。

群体中的“能力平平者”的作用辩护:“能力平平者最终决定的事务比有才能者决定的事务重要,这看起来荒谬”[113];但是,这是因为每个个人只是政治团体中的一分子……在所有这些断言中,亚里士多德显然提出了他自己的民主政体的观念,其中所有成员通力合作;而且他以这个观念为基础,反驳了柏拉图对平民无能力的不满。人民是一个集体存在,其中人人各占其位,从中获得自己的成就。

同样,这里据说为了避免民主无政府状态,亚里士多德建议避免任何把民主政体变成一种狭义的民主政体的情况发生,那种政体就是多数人的集体暴政,靠政令强制推行他们的意志[114]。遵守法律也就是尊重所有人的利益。一种好的民主政体要考虑到整体。

但是,亚里士多德不只满足于顺带提出这种观念来作为防止这种或那种弊端发生的补救方法:他的创新在于使之成为区分政体优劣的标准。这就是他在《政治学》第三卷中提出的原则:“因此很清楚,根据绝对正义,凡是考虑整体利益的政制,其实都是正确的政制;凡是只考虑统治者私人利益的政制,都是不完善的政制,而且都是正确政制的变态:这些都是专制的形式,而城邦是自由人的共同体。”[115] 173

由此就解释了被他称作波里德亚的政体与只考虑平民一个阵营的利益的民主政体的差别。“如果这个个人,或少数人,或多数人(*polloi*)为了整体利益来统治,这些政制当然是正确的,但是如果政体为了个别人,或者单独一人,或者少数人,或者平民群众(*plèthous*)的利益来统治,这就是变态的政制。”因为“当平民群众为着整体利益统治城邦时,人们就把这种政府叫做波里德亚政体,是所有这种政制共有的名称”[116]。

113 1282 a 26。参见上文第 151 页。

114 1292 a。参见上文第 120 页。

115 1279 a 17 及以下。

116 该词的选择是被惯用法许可的(参见伊索克拉底,《颂词》,125;德摩斯梯尼,《第二篇反腓力辞》,21)。但是,亚里士多德通过保留这个普通词,说明这种政体具有各种原则,而且在他看来,代表着优秀政体。这个还证实了共有意识在他的著作中所具有的重要意义。

亚里士多德所说的"民主政体"和这种波里德亚政体是截然不同的，它是一种变态政体，因为它只为了一个群体的利益，这个群体就是穷人群体[117]。

因此，好政体与变态政体之间的分界线是明确的。亚里士多德在划这条分界线时，与柏拉图在其《法律篇》中所作的区分不谋而合[118]；但是他赋予这种分界更加重要得多的意义，因为此后他就用这个标准来主导整个分析。

换句话说，由于时代差别，亚里士多德是雅典民主政治的旁观者，他对这种让雅典遭受如此长久的苦难的弊端很了解。柏拉图要防止的也就是这种弊端。但是，亚里士多德没有强烈谴责因为这种弊端而变坏的民主政体，而是尽力把一般的优劣政体和具体政体进行区分和比照，从而找出防止政体变质所需的条件。答案就是人民必须考虑全体公民的利益。

共同利益

人民为其自身利益所做的一切，他们只为自身利益颁布的全部法律，从表达最高权力的意志来看，显露出一种正义的表象；但是它们并
174 不因此就是正义的，因为正义是在整个城邦层面上表现的。"穷人因为人多就瓜分富人的财产"，这是正义吗？如果不站在全体公民的立场上，就可能认为这是正义的。因为对全体公民而言，如果有人想"多数人瓜分少数人的财产[119]，显然这就毁掉了城邦。然而，善德是肯定不会毁掉其拥有者的，而且正义也不是一个破坏城邦的因素。因此人们发现，这样的法律不可能是正义的。我们还要补充说，如果这是正义的话，那

117 1279 b 8。

118 参见上文第 168 页。

119 第二种情况与第一种情况意思相同，但是换成数量词，也就成了最强的法律用语；而这些言词清楚表明，新的立场就是全体公民的立场（πάντων ληφθέντων）。

么僭主的行为也必定是正义的了，因为他就是仗着他是最强者来使用暴力，多数人攻击富人正是这种情况”[120]。

相反，真正的正义应该为全体公民着想：“政治学上的善德，就是正义，也就是整体利益”[121]，而法律要公正，就应该保护全体公民的利益，或者像亚里士多德在后面所说的，“目的在于维护整个城邦的总体利益和公民的共同利益”[122]。

的确，途径是柏拉图开辟的；但是他只考虑了民主政体作为党派政体显现出的方面，这些方面必定要受这类政体所表现的过分行为之累。他还强烈谴责了这些方面。亚里士多德发明的波里德亚政体，让一种根据法律存在的广义民主政体成为可能：柏拉图作出的判决就这样被撤销了。波里德亚政体的定义于是在学说方面是一种扩展和突破，在事实方面类似于公元前 403 年在雅典达成和解而形成的政体。

从此，所有与公民团结相关的论题都会重新提出来，不限于描述一 175
种只是远离实际政治生活的构想的理想政体。

例如，公民之间的友爱就是这种情况。他在《尼格马科伦理学》中，在一种与政治毫无关系的研究之初就宣称：“友爱似乎也构成了城邦的纽带，立法者似乎赋予它一种比正义本身还重要的价值；因为和谐一致这种意识似乎很接近于友爱，是所有立法者所追求的东西，而派性作为其对立面，却是他们竭力要消除的东西。”[123]《法律篇》所说的友爱因此也存在于亚里士多德的思想中，但符合对个体差异的一种分析，而且伴有对实现可能性的理智的信心。在内战后的简单的“和谐一致”与柏

120　1281 b 14 及以下（Tricot 的译文，改动了两处）。

121　1282 b 17。

122　1283 b 40—42。在这篇文学性无论如何十分少的著作中，人们注意到词语的反复使用：ὅλης-χοινόν。关于公正的同样的定义也见于《尼格马科伦理学》，Ⅷ，1160 a 11 及以下：“这种共同的用处是立法者的目的，他们把符合全体公民的利益的东西叫做公正”（Tricot 的译文）。

123　Ⅷ，1155 a 22 及以下，Tricot 的译文。

拉图城邦的理想的一致之间,这种友爱是一个折中方法,建立在一种理性分析的基础上。

然而,倘若亚里士多德也没有就能够保证其著名的波里德亚政体存在的最佳条件提出一整套想法,那么这种思想就仍然是理论的和抽象的。

如果人们把这种思考跟以往的经验放在一起,它就会发出新的光辉。针对公元前 5 世纪末雅典遭遇过其弊端的专制民主政体,柏拉图提出了实行绝对统一的补救方法:亚里士多德则是在恢复多样性意识之后,立即就找到了反对极端行为所必需的,而且是足够应付的唯一的补救方法。它就是实现一种平衡,这种平衡就基于中间派、折中方法、中庸政府可能起到的作用。这在制度领域,在社会领域,甚至在政治生活的指导上,都是最有效的。

好政体

实际上,波里德亚政体不只是由法治和照顾共同利益来定义的。如修昔底德的著作第八卷中所称赞的政体,说它在第一次和解时体现
176 了贵族与民众(*oligoi* 和 *polloi*)[124]之间一种温和的混合;如公元前 411 年斯拉雪麦格建议恢复的前人的政体,说它完全是“全体公民所共有的”;还如伊索克拉底所称赞的雅典的政体,柏拉图所称赞的斯巴达的政体,柏拉图称后者是“所需成分比例适当的混合”[125];亚里士多德所称赞的政体就是这样一种混合政体,结合了寡头政体和民主政体的成分。[126]亚里士多德甚至分析了各种能够主导其构成的混合,完美的混合

124 Ⅷ, 97, 2:μετρία... ξύγχρασις;参见上文第 156 页。

125 《法律篇》, 692 a:σύμμειχτος... χαὶ μέτρον ἔχουσα。

126 参见 1293 b,上文第 55 页援引过。人们还可以补充说,最佳政体考虑到平等,而一个混合政体处于绝对平等和绝对不平等之间(1280 a 13 及以下, 1283 a 26, 1301 a 25 及以下):参见上文第 51—52 页。

应是如此合理，以致最终得到的政体既可以被称为寡头政体，也可以被称为民主政体：因为这两种极端形式的政体的特征都可以在这个中间形式的政体（*meson*）中找到[127]。

这种在以后的政治思想中想必要发挥非常重要的作用的混合政制理想，顺便也以同样"中庸的"各种措施加以完善。例如在财产方面，亚里士多德就把私有财产的观念与公有财产的观念结合起来，明确指出最佳方法是保留私有财产，但是要通过互助共用[128]。尤其是这些关于制度的思辨不再脱离实际。亚里士多德还考虑到另外一种与社会有关的中间形态：中间阶层在他看来是国家稳定的保障。

中间阶层

在希腊，社会斗争表现为富人与穷人的冲突。欧里庇得斯对双方的过分行为都抱怨，赞美了介于其间的群体的优点："最后，在这三个阶层中，拯救城邦的是中间阶层：是他们维持着国家所拥有的制度。"[129] 修昔底德也曾悲叹内战对于中间阶层的人（*mesa*）非常残酷，他们遭到两 177
个阵营的杀戮[130]。在亚里士多德看来，任何善德都处在两个极端的"中间"，因此他为这个中间阶层的作用辩护怎么会让人感到奇怪呢？这个阶层本来不是富得野心膨胀，也不是穷得要揭竿而起。"所有城邦无一例外都存在三个公民阶层：一个很富，一个很穷，而第三个处于中间状态。那么，既然人们都认为节制和中庸最好，那么拥有财富来说，显然同样也是适当最好，因为这样人们才会服从理性。"[131] 亚里士多德描述了这些中间成分的行为：和其他成分相比，他们不太容易犯罪，也不太

127　1294 b 18。

128　1263 a 38。

129　《请愿的妇女》，238—245。这些台词往往被认为是后来加上的；但是人们不怀疑其作者就是欧里庇得斯。

130　Ⅲ，82，8。

131　1295 b 1 及以下（本书作者译）。

试图逃避公职或过于热切地追求公职，而且更能既愿意服从，又不致堕落到卑微地位。而两个极端群体中的人总是重新陷入由主人和奴隶构成的世界，“一方妒火中烧，一方目空一切，这些情感都与城邦的友爱和共享水火不容，因为共享就意味着友爱”[132]。城邦希望避免这种对立：“城邦本意就是尽可能由平等而情况相仿的人组成，而这些人就集中在中间阶层（*mesois*）。”这个中间阶层有其固有的长处，而且能起到仲裁的作用，阻止其他两个阶层中的任何一个使天平向己方倾斜。缺少中间阶层，就有可能导致极端民主政体或不受约束的寡头政体，这两种政体最终都可能变成僭主政体。相反，“中间阶层人多的地方，也极少产生宗派和纠纷”[133]。甚至民主政体的优越性之一，就是有利于中间阶层的发展壮大。

最后，在亚里士多德看来，不管制度如何，也不管社会状态如何，政
178 治的目的都必定要让中间势力占据上风。

平衡的政治

政治不仅必须避免一个群体对另一个群体实施掠夺和暴力镇压：一般而言，还必须与一些变态政制截然相反，要追求中庸之道[134]。亚里士多德还几乎详细地采用了一种柏拉图式的暗喻，用来提醒人们注意整体和全体的极端重要性。他提到一种面容，因为过度变形而变得无法辨认：“首先，面容的这部分就失去了匀称，到最后连鼻子的外形都失掉了。”[135] 于是，他从这种很不经典的艺术中得出结论：“因为可能发生

132 1295 b 21—24。

133 1296 b 5—9, Tricot 的译文。此外，这是亚里士多德喜欢一再提起的一个观念，指出在引起革命的动机中，有组成城邦的“党派”之一势力不平衡的扩张（1302 b 33 及以下）。

134 1309 b 19。

135 亚里士多德在《修辞学》中采用了鼻子的比喻，如果这鼻子形状过于钩或过于塌，它就不再像鼻子了（Ⅰ,4,1360 a 27 及以下）。这里我们有一个笨拙但能说明（转下页）

这样的情况，寡头政体和民主政体尽管离最好的政体很远，还是一些可容忍的政体；但是如果强调各种政体的固有倾向，首先就会使政治制度变得比以前更差，而且最终完全不再是政体。”

不论是什么政体，人们最好要注意照顾到少数派：“在民主政体中，也应该照顾富人，不仅不要瓜分他们的财产，甚至不要瓜分他们的收入。”“在寡头政体中，应该多多关心穷人，安排他们就业，让他们从中得到一些收益。”甚至应该力求让他们参与管理国家事务，并且给予他们尊重：亚里士多德严格地提出这个原则，也同样严格地划定了适用范围：“在民主政体中和在寡头政体中一样，赋予政体中占最小部分的人（民主政体中的富人，寡头政体中的穷人）或是平等，或是优先权，是有益的，但国家的最高行政权力除外：这些权力必须由当权阶层的人或其 179
中大部分人掌握。”[136]

亚里士多德一边保障民主政体中少数派的地位，一边又把主要职位留给多数派，所以他是现代思想所有探索的开山鼻祖。

只是人们可能奇怪，《政治学》早已定义的问题，为什么要等这么长时间才在政治理论中出现。但这种时间滞后可由古希腊人遇到这个问题时所处的局势来解释。

文献已经表明，雅典危机的严重性，不只是在于贵族和平民这两个群体在同一种政制中的政治纲领上有差别。不管怎样，直到公元前5世纪末，各个群体都想要一个不同的政体，具有它自己的政制和一个

（接上页）问题的组合，这种观念与柏拉图在《理想国》中表达的观念（420 b 及以下）之间的组合，表明个人的幸福应该服从整体的幸福，完全像一个画家避免画朱红色的眼睛，唯一的原因就是它们很漂亮，漂亮得不再像眼睛了。在《政治学》的 1281 b，12 及以下，就已经提醒人们，一种动物的美不能与其孤立部分的美混为一谈；而且在 1302 b 中，他把国家比作身体，如果一个部位过度增长，最终就改变了动物的物种。

136 1309 a 27—31（作者译）。我们用同一个词翻译 πολιτείας 两次，并且像在修昔底德的著作第八卷，75，2 中那样翻译 τοῖς ἐχ τῆς πολιτείας：同样的表述既表明一个社会群体的归属（ἐχ），又表明一个意识形态群体的归属，这是古希腊政治生活的特征，但是最终也表明与这个群体的成功有关的政治活动的归属。

与之相称的社会。各个群体都想推翻对方,要从新的基础上开始重建。长久以来,这种情况在现代民主政体中已不复存在。这两个群体不再仅仅在政策的选择上相互对立,而且在政体和社会的选择上也相互对立,它们的政治生活重组就只会使雅典的政治气氛及其问题重现。

雅典与这些问题相关的教训是显见的:它提醒人们,必须关心全体公民,否则就会产生冲突和内战,对民主政体造成威胁。前一章的分析揭示了引向暴政的危险;这一章分析则揭示另一种危险,非常简单,就是政体及其价值标准崩溃。

如我们所知,公元前4世纪的思想家们针对这种危险提出了各种
补救方法,随着时代的变迁,这些方法后来拥有了一些信奉者。但是,
180 只限于对这种狭义的政治解决方法的阐述,就会错误表达它们的理论。
古希腊人认为政治从来不是孤立的。因此只有在进行关于政制的思考
时,加上另外一种分析,分析才全面。在他们看来,这另外一种分析是
与它密不可分的,并且使它具有价值:这就是对政治留给教育的角色所
181 作的分析。

结束语

民主与教育

人们随着亚里士多德走出了希腊城邦的范围。他本人不是雅典 182
人。他通过他的学生亚历山大与希腊化时代极其广阔的世界发生联系。从他开始,政治的思考继续关心同样的问题,这里再谈谈一个论题,那里再谈谈另一个论题,争辩着,纠正着,但是这种思考却没有——至少在与民主政体有关的方面——以对日常经验的担心和希望来充实。

这些思考在变得更具有理论性质时,也和古希腊思想的整个一方面失去联系,而这个方面却是非常有助于保证古希腊思想的连贯性的:雅典民主的许多问题都是因教育缺失产生的。

例如人们抱怨平民无知、无能、盲目,原因就是他们没有受过从事政治的训练:这就是教育问题。贵族只受过大家族的培养。可是平民呢?民主派则是提到自然的潜移默化的教育,像呼吸空气一样受到城邦原则的熏陶。雅典和斯巴达在习俗和“培养”上没有区别吗?根据修昔底德借伯里克利之口说的著名的话,雅典不是“希腊的一个活生生的教训”吗?无论如何,人们感到需要一种新型的教育。实际上这种教育也出现过:就是诡辩家的教育,专门为政治辩论实施的教育。这种教育费用高,只有少数特权人物可以享有;它的目的是引导受教育者获得成功,提供让人毫无内疚地实现个人野心的手段。结果这种新技能除了使平民更没有能力外，还只会使失序现象和不法行为更严重，最终导致无政府状态。所以民主政体垮台的最终原因就是教育缺失。也许只有教育才能让公民学会控制他们的党派热情，以便更好地为祖国效力。这解释了为什么在公元前 4 世纪，所有政治理论家都首先强调教育的原因。柏拉图、伊索克拉底和亚里士多德这三位作家都是教师，他们的有关民主政体的论述最常被人援引：他们讨论教育纲领比讨论管理国家的规划还多。

伊索克拉底第一个开办了与诡辩家的学园相对立的学园，他希望修辞学也成为一种哲学——即一种智力与道德的素养。他认为如果擅长辞令，也就善于思考，就能提出明智的主张。他打算就一些有用的主题提供一种合理意见，并且传授“一种真正符合法律和正义的说话能力”[1]。为此他在选择一些高雅主题时，就为他的教学确定能够有益于城邦以及希腊的方针；他留下的政治著作都是阐明他为自己确定的任务：他终身执教，想在政治方面充当同胞的教育者。

他在其唯一一篇有关国内政治的论著《最高法院演说辞》中，首先就强调教育的作用，教育曾经使以前的雅典免于极端民主政体的失序。正是由于“教育”失误，目无法纪和放纵被当作了民主的自由[2]。相反在从前的雅典，人们受过工作和积蓄的“教育”[3]，等等……那时候，对人们
184 的培养是终生的；而议事会的作用就是监督这种培养。因为正义感比法律更能避免无政府状态：在这种美德中“成长”的人，能服从最不明确的法律[4]。尤其是年轻人的心灵，非常需要一种稳固的道德培养，这种培养受惠于遵守良好风俗，以及所作的一些让人身心愉快的努力[5]。整体

1 他在关于说话能力的颂词中说到，在其著作《尼科莱斯》，5—9 = *Sur l'Echange*，253—257）中这种说话能力出现过两次。

2《最高法院演说辞》，20。

3《最高法院演说辞》，24：μεμαθηχότες ἦσαν。

4《最高法院演说辞》，41：πεπαιδευμένους。

5 参见 43：παιδευθῆναι，以及稍后的：τοὺς ἐλευθέρως τεθραμμένους。

上,议事会会进行警告、训诫、惩罚,从而产生能保证国家拥有良好秩序以及获得胜利的美德:因为“从前的良好秩序把美德教给了公民,因此他们自己不会内讧,并且能战胜入侵之敌”[6]。伊索克拉底提议的政治改革之所以可能显得温和与模糊,是因为在他看来,最重要的是要进行与政治改革有关的教育改革。而且,既然贵族传统不再能保证维持过去的价值标准,那么按照他的意见,就该让国家来关注教育,让所有公民懂得尊重优秀公民的善德[7]。

柏拉图提倡的教育更具雄心。不过他和伊索克拉底一样,都要求教育者具有高素质,并且同样认为,教育在政治生活方面具有重要意义。

甚至他的许多一流的对话就是根据政治活动来写的。他抨击诡辩家所施与的教育,质疑其意义和目的。而且柏拉图和伊索克拉底完全一样,首先对诡辩家宣战[涉及《海伦颂》(*Hélène*)、《博斯赫斯》(*Busiris*),更直率的还有《诉诡辩家辞》(*Contre les sophistes*)],写了《普罗泰戈拉篇》和《高尔吉亚篇》,并且往往让一些观念与苏格拉底和他对立的诡辩家出场。他的许多对话涉及政治学的目的。什么是普罗泰戈拉吹嘘的并且称之为“政治艺术”(*politikè technè*)的技艺?它真能培养出好公民吗?这种技艺传授与人吗?而高尔吉亚传授什么呢?这种被他据为己有的凭三寸不烂之舌来说服人的技艺就好吗?政治学 185
的目的难道不应该是培养更好的公民,而不是使公民满意,并通过使他们满意来捞到好处吗?阿尔西比亚德究竟懂得什么,要投身政治呢?他该知道的东西是谁教给他的?良好教育是良好政治之本,苏格拉底与诡辩家之间的辩论始终针对教育必须具备的这种意识。

---

6 《最高法院演说辞》,82。

7 教育所起的作用也使伊索克拉底对智力培养所提供的辩护具有生命力(《论交流》,167及以下);参见174:“由于采取这种措施,对年轻人的教育必定会对城邦的命运产生持久的影响。”

柏拉图走上这条道路后，没有在伊索克拉底止步的地方停下来，也不只限于已得到公认的主张。在他看来，有助于建立尽可能好的城邦的教育应该有许多种。因此出现了《理想国》的方案所采用的理想教育规划一变再变这种显著的反常现象：第二卷末尾及几乎全部第三卷用音乐和体育的作用详细描述了城邦护卫者的教育，两者相互配合适当即产生才智和勇敢；接着，第六卷的一半内容和第七卷的全部内容描述了哲学教育，这种哲学随着向善缓慢地升华，控制着各种技艺的作用，在辩证法上达到顶峰，总之是一种把分类和选择撇在一边的培养，分阶段进行，直到五十岁。这决不是全民教育，但唯有这种教育能够让人完全理解善，没有这种教育，任何政府都不能称职地完成它的使命。

这无疑就是培养一位哲学家国王的理想教育。而当柏拉图在《法律篇》中回到更现实的考虑时，他并没有因此忽视教育，恰恰相反是重视教育！有人甚至说，对现代读者来说，在《法律篇》这篇论著中，最非凡而且最富有意义的，就是关于教育的部分。既然任何立法的目的是美德，那么与教育有关的法规通常也是最重要的法规。《法律篇》第一卷于是对斯巴达所追求的美德进行了批判，那种美德代替了整体的美德，通过这种批判产生了教育的一种定义，“尽可能通过游戏让孩子从心里喜欢一种职业，将来当他长大成人后，他从事这种职业必须和做游戏一样熟练”[8]。关于这一点，整个第二卷都用来论述教育的某些方面，如
186 各种合唱和纵酒狂欢的聚会，合唱能在快乐中培养人们关于美的正确意识，而纵酒狂欢的聚会则让人在激情中经受节制的考验。既然要建立《法律篇》中的那种城邦，有关教育的法律在其中占有这么重要的地位，怎么会令人奇怪呢？这些法律占据了整个第七卷，从婴儿开始，到青少年的活动结束，从文学和科学活动直到色诺芬所喜爱的狩猎。通过这些不同的实践活动，借助于表扬和责备，始终一点一点地向青年反

8 《法律篇》，643 d。

复灌输真正价值标准的意识,把他们培养成完人和优秀公民。人们还可以补充说,这些法律及其导言在任何时候都能促进这种教育,行政官和最高议事会成员对这种教育进行监督和完善。这种教育无处不在。事实上一切事情都依靠它。第三卷的特点是柏拉图在对不完善的政体进行历史研究时,常常把教育的品质当作政体成败的原因提出来。居鲁士曾经是一位审慎的、受到爱戴的国王,但"他对什么是正确的教育毫无概念"[9];他把自己的孩子交给妇女教养,被她们宠坏。他到处征战,"忽视了这一点,即他的孩子没有受到父亲的教育,即波斯牧人的教育;后者生在严酷的环境,受到严苛的教育,这种教育培养出的牧人体格强壮,能餐风露宿,能警觉关注四周的动静,必要时能拿武器打仗;他不知道,妇女和宦官给予他的孩子的教育是米堤亚人的教育,是让孩子被所谓礼仪程式的幸福宠坏的教育,毫无束缚,因此他们的行为举止会是什么样,应该可想而知"[10]。教育是获得美德的条件,只有美德能使国家得到幸福和自由。

柏拉图在这一整段描述中,很少谈到民主的教育;而在《理想国》和《法律篇》第三卷中,民主政体与违背和拒绝正确原则有关。但是,按照柏拉图所说,无论什么政体,它的品质、它的寿命,显然都总是取决于教育。这是任何政体都应该汲取的教训,在现代世界更是如此,在现代世界,教育是全民教育。187

从亚里士多德的著作中也得出同样的教训,流传到我们手中的这本《政治学》,结束的一卷没有写完,这卷就全部用来阐述教育,而且就是这样开头的:"立法者应该极其关心青年的教育,谁也不会反对这一点:事实上,政体如果做不到这一点,城邦就会衰亡。"[11]

亚里士多德谈得更深;他坚持他一直重视的多样性原则,说明了教

9　694 c。

10　695 a—b。亦参见 695 e—696 a。

11　1337 a 11(作者译)。

育必须为了政体来施行；而且“各种政体固有的道德确保了它的习俗和维护，并从起源上确保它的建立”。

由于这种多样性在各种情况下都不排斥所追求的目标的共同性和一致性，因此对一个确定的国家的全体公民来说，教育必须都是一种；而且必须从全体的角度关照每部分公民。

没有必要逐步了解亚里士多德的分析：这种分析比柏拉图的分析更切合实际，同时又给予教育问题同等的重视，而且只通过注意使教育适合城邦的政体这一点，与柏拉图的分析区别开来。

这种双重特征不只是在《政治学》第八卷表现出来，在《尼格马科伦理学》中，教育的作用通常也作为最重要的问题提出来[12]。而且不离开《政治学》也可以注意到，从第五卷开始，亚里士多德也一样有力地阐述了这两个同样的观念。他在研究拯救政体的方法时，在列举了政治范畴的各种措施之后补充说：“在所提出的所有能使政制持久存在的方法中，最重要的就是大家目前都忽视的方法，即建立一个适应政治制度的教育体系。因为，对于政制的精神，如果法律是民主的，这精神就具有民主的特性，如果法律是寡头的，就具有寡头的特性，倘若城邦公民所养成的习惯和所受的教育不符合政制的精神，那么即使有全民一致拥护的最有益的法律，也毫无用处。”[13] 因此国家应该培养能够按照自己的
188 原则生活的公民。

还不应该搞错：人们决不是培养党派分子，而是传授一些要更深刻地理解的道德标准。而且亚里士多德在下文中还明确指出：“接受一种符合政制的教育，就是不去做取悦寡头派或民主政体支持者的事，而是做能让他们在民主政体或寡头政体中生存的事。”因此，决不要把这种按照政制实施的教育与柏拉图非常严谨地描述的“寡头”教育或“民主”教育混淆。亚里士多德明确指出，对民主国家的利益损害最大的教育，

12 《尼格马科伦理学》，1103 b，1180 a，27；参见《修辞学》，1360 a 19。

13 1310 a 12 及以下（译文稍作改动）。

是错误地定义自由，把它混同于放纵："结果在这种形式的民主政体中，人人都随心所欲，并且正如欧里庇得斯所说，一切如愿以偿。但是这种态度应受谴责，因为人不该以为按照政制生活是受到奴役，其实这是对他的拯救。"[14]

这句话的意义清楚明了，毋庸置疑：教育人们自由，意味着要遵守法律，这是使这种自由持久的唯一方法。

古希腊流传至今的关于民主问题的所有思想中，这种思想也许最具有现实意义。本书作者曾经长期从事教育工作，因此人们会原谅作者这么重视它，因为法国教育的发展局势可能给人带来某种不安。因此希腊经验的最终教训是明确的。一种民主政体要是让教育落入反对者手中，甚至试图使教育保持培养政治意识的性质，而不是保持培养公民意识的性质，这种民主政体就会垮台。亚里士多德已经预告了这个结果。现在也许是赶快重视他的见解的时候了，在雅典延续了两个世纪，并且在大量著作中反映出来的经验，使他的见解更加鲜明。 189

14 1310 a 35（Tricot 的译文）。

希腊文献索引

注：加粗数字标出的页码中，文本被连续标注，并因此集中了许多详细的参考文献。（所注明的页码和注释编号均为原著的，参见页边码。——译注）

人文与社会译丛

第一批书目

1.《政治自由主义》(增订版),[美]J. 罗尔斯著,万俊人译 48.00 元
2.《文化的解释》,[美]C. 格尔茨著,韩莉译 89.00 元
3.《技术与时间:1. 爱比米修斯的过失》,[法]B. 斯蒂格勒著,裴程译 62.00 元
4.《依附性积累与不发达》,[德]A. G. 弗兰克著,高铦等译 13.60 元
5.《身处欧美的波兰农民》,[美]F. 兹纳涅茨基、W. I. 托马斯著,张友云译 9.20 元
6.《现代性的后果》,[英]A. 吉登斯著,田禾译 45.00 元
7.《消费文化与后现代主义》,[美]M. 费瑟斯通著,刘精明译 14.20 元
8.《英国工人阶级的形成》(上、下册),[英]E. P. 汤普森著,钱乘旦等译 69.00 元
9.《知识人的社会角色》,[美]F. 兹纳涅茨基著,郏斌祥译 26.00 元

第二批书目

10.《文化生产:媒体与都市艺术》,[美]D. 克兰著,赵国新译 29.00 元
11.《现代社会中的法律》,[美]R. M. 昂格尔著,吴玉章等译 39.00 元
12.《后形而上学思想》,[德]J. 哈贝马斯著,曹卫东等译 35.00 元
13.《自由主义与正义的局限》,[美]M. 桑德尔著,万俊人等译 30.00 元

14.《临床医学的诞生》,[法]M. 福柯著,刘北成译　25.00 元

15.《农民的道义经济学》,[英]J. C. 斯科特著,程立显等译　42.00 元

16.《俄国思想家》,[英]I. 伯林著,彭淮栋译　35.00 元

17.《自我的根源:现代认同的形成》,[加]C. 泰勒著,韩震等译　88.00 元

18.《霍布斯的政治哲学》,[美]L. 施特劳斯著,申彤译　29.00 元

19.《现代性与大屠杀》,[英]Z. 鲍曼著,杨渝东等译　59.00 元

第三批书目

20.《新功能主义及其后》,[英]J. 亚历山大著,彭牧等译　15.80 元

21.《自由史论》,[英]J. 阿克顿著,胡传胜等译　58.00 元

22.《伯林谈话录》,[英]L. 贾汉贝格鲁等著,杨祯钦译　23.00 元

23.《阶级斗争》,[法]R. 阿隆著,周以光译　13.50 元

24.《正义诸领域:为多元主义与平等一辩》,[美]M. 沃尔泽著,褚松燕等译　24.80 元

25.《大萧条的孩子们》,[美]G. 埃尔德著,田禾等译　27.30 元

26.《黑格尔》,[加]C. 泰勒著,张国清等译　118.00 元

27.《反潮流》,[英]I. 伯林著,冯克利译　48.00 元

28.《统治阶级》,[意]G. 莫斯卡著,贾鹤鹏译　98.00 元

29.《现代性的哲学话语》,[德]J. 哈贝马斯著,曹卫东等译　78.00 元

第四批书目

30.《自由论》(修订版),[英]I. 伯林著,胡传胜译　69.00 元

31.《保守主义》,[德]K. 曼海姆著,李朝晖、牟建君译　16.00 元

32.《科学的反革命》(修订版),[英]F. 哈耶克著,冯克利译　58.00 元

33.《实践感》,[法]P. 布迪厄著,蒋梓骅译 52.00 元
34.《风险社会》,[德]U. 贝克著,何博闻译 17.70 元
35.《社会行动的结构》,[美]T. 帕森斯著,彭刚等译 80.00 元
36.《个体的社会》,[德]N. 埃利亚斯著,翟三江、陆兴华译 15.30 元
37.《传统的发明》,[英]E. 霍布斯鲍姆等著,顾杭、庞冠群译 21.20 元
38.《关于马基雅维里的思考》,[美]L. 施特劳斯著,申彤译 78.00 元
39.《追寻美德》,[美]A. 麦金太尔著,宋继杰译 35.00 元

第五批书目

40.《现实感》,[英]I. 伯林著,潘荣荣、林茂译 30.00 元
41.《启蒙的时代》,[英]I. 伯林编著,孙尚扬、杨深译 35.00 元
42.《元史学》,[美]H. 怀特著,陈新译 89.00 元
43.《意识形态与现代文化》,[英]J. B. 汤普森著,高铦等译 68.00 元
44.《美国大城市的死与生》,[加]J. 雅各布斯著,金衡山译 29.50 元
45.《社会理论和社会结构》,[美]R. K. 默顿著,唐少杰等译 128.00 元
46.《黑皮肤,白面具》,[法]F. 法农著,万冰译 14.00 元
47.《德国的历史观》,[美]G. 伊格尔斯著,彭刚、顾杭译 58.00 元
48.《全世界受苦的人》,[法]F. 法农著,万冰译 17.80 元
49.《知识分子的鸦片》,[法]R. 阿隆著,吕一民、顾杭译 45.00 元

第六批书目

50.《驯化君主》,[美]H. C. 曼斯菲尔德著,冯克利译 68.00 元
51.《黑格尔导读》,[法]A. 科耶夫著,姜志辉译 45.00 元
52.《象征交换与死亡》,[法]J. 波德里亚著,车槿山译 45.00 元
53.《自由及其背叛》,[英]I. 伯林著,赵国新译 48.00 元

54.《启蒙的三个批评者》,[英]I. 伯林著,马寅卯、郑想译 48.00元
55.《运动中的力量》,[美]S. 塔罗著,吴庆宏译 23.50元
56.《斗争的动力》,[美]D. 麦克亚当、S. 塔罗、C. 蒂利著,李义中等译 31.50元
57.《善的脆弱性》,[美]M. 纳斯鲍姆著,徐向东、陆萌译 55.00元
58.《弱者的武器》,[美]J. C. 斯科特著,郑广怀等译 42.00元
59.《图绘》,[美]S. 弗里德曼著,陈丽译 49.00元

第七批书目

60.《现代悲剧》,[英]R. 威廉斯著,丁尔苏译 45.00元
61.《论革命》,[美]H. 阿伦特著,陈周旺译 59.00元
62.《美国精神的封闭》,[美]A. 布卢姆著,战旭英译,冯克利校 68.00元
63.《浪漫主义的根源》,[英]I. 伯林著,吕梁等译 28.00元
64.《扭曲的人性之材》,[英]I. 伯林著,岳秀坤译 22.00元
65.《民族主义思想与殖民地世界》,[美]P. 查特吉著,范慕尤、杨曦译 18.00元
66.《现代性社会学》,[法]D. 马图切利著,姜志辉译 32.00元
67.《社会政治理论的重构》,[英]R. 伯恩斯坦著,黄瑞祺译 25.00元
68.《以色列与启示》,[美]E. 沃格林著,霍伟岸、叶颖译 48.00元
69.《城邦的世界》,[美]E. 沃格林著,陈周旺译 85.00元
70.《历史主义的兴起》,[德]F. 梅尼克著,陆月宏译 48.00元

第八批书目

71.《环境与历史》,[英]W. 贝纳特、P. 科茨著,包茂红译 25.00元
72.《人类与自然世界》,[英]K. 托马斯著,宋丽丽译 35.00元

73.《卢梭问题》,[德]E. 卡西勒著,王春华译　15.00元
74.《男性气概》,[美]H. C. 曼斯菲尔德著,刘玮译　28.00元
75.《战争与和平的权利》,[美]R. 塔克著,罗炯等译　25.00元
76.《谁统治美国》,[美]W. 多姆霍夫著,吕鹏、闻翔译　35.00元
77.《健康与社会》,[法]M. 德吕勒著,王鲲译　35.00元
78.《读柏拉图》,[德]T. A. 斯勒扎克著,程炜译　28.00元
79.《苏联的心灵》,[英]I. 伯林著,潘永强、刘北成译　28.00元
80.《个人印象》,[英]I. 伯林著,林振义、王洁译　35.00元

第九批书目

81.《技术与时间:2. 迷失方向》,[法]B. 斯蒂格勒著,赵和平、印螺译　59.00元
82.《抗争政治》,[英]C. 蒂利著,李义中译　28.00元
83.《亚当·斯密的政治学》,[英]D. 温奇著,褚平译　21.00元
84.《怀旧的未来》,[美]S. 博伊姆著,杨德友译　38.00元
85.《妇女在经济发展中的角色》,[丹]E. 博斯拉普著,陈慧平译　30.00元
86.《风景与认同》,[英]W. J. 达比著,张箭飞、赵红英译　68.00元
87.《过去与未来之间》,[美]H. 阿伦特著,王寅丽、张立立译　58.00元
88.《大西洋的跨越》,[美]D. T. 罗杰斯著,吴万伟译　108.00元
89.《资本主义的新精神》,[法]L. 博尔坦斯基、E. 希亚佩洛著,高铦译　58.00元
90.《比较的幽灵》,[美]B. 安德森著,甘会斌译　48.00元

第十批书目

91.《灾异手记》,[美]E. 科尔伯特著,何恬译　25.00元

92.《技术与时间:3. 电影的时间与存在之痛的问题》,
[法]B. 斯蒂格勒著,方尔平译 65.00 元
93.《马克思主义与历史学》,[英]S. H. 里格比著,吴英译 47.00 元
94.《学做工》,[英]P. 威利斯著,秘舒、凌旻华译 39.00 元
95.《哲学与治术:1572—1651》,[美]R. 塔克著,韩潮译 45.00 元
96.《认同伦理学》,[美]K. A. 阿皮亚著,张容南译 45.00 元
97.《风景与记忆》,[英]S. 沙玛著,胡淑陈、冯樨译 78.00 元
98.《马基雅维里时刻》,[英]J. G. A. 波考克著,冯克利、傅乾译 108.00 元
99.《未完的对话》,[英]I. 伯林、[波]B. P.-塞古尔斯卡著,
杨德友译 65.00 元
100.《后殖民理性批判》,[印]G. C. 斯皮瓦克著,严蓓雯译 58.00 元

第十一批书目

101.《现代社会想象》,[加]C. 泰勒著,林曼红译 45.00 元
102.《柏拉图与亚里士多德》,[美]E. 沃格林著,刘曙辉译 54.00 元
103.《论个体主义》,[法]L. 迪蒙著,桂裕芳译 30.00 元
104.《根本恶》,[美]R. J. 伯恩斯坦著,王钦、朱康译 78.00 元
105.《这受难的国度》,[美]D. G. 福斯特著,孙宏哲、张聚国译 39.00 元
106.《公民的激情》,[美]S. 克劳斯著,谭安奎译 49.00 元
107.《美国生活中的同化》,[美]M. M. 戈登著,马戎译 35.00 元
108.《风景与权力》,[美]W. J. T. 米切尔著,杨丽、万信琼译 45.00 元
109.《第二人称观点》,[美]S. 达沃尔著,章晟译 69.00 元
110.《性的起源》,[英] F. 达伯霍瓦拉著,杨朗译 58.00 元

第十二批书目

111.《希腊民主的问题》,[法]J. 罗米伊著,高煜译　48.00 元
112.《论人权》,[英]J. 格里芬著,徐向东、刘明译　62.00 元
113.《柏拉图的伦理学》,[英]T. 厄温著,陈玮、刘玮译(即出)
114.《自由主义与荣誉》,[美]S. 克劳斯著,林垚译　62.00 元
115.《法国大革命的文化起源》,[法]R. 夏蒂埃著,洪庆明译　38.00 元
116.《对知识的恐惧》,[美]P. 博格西昂著,刘鹏博译　38.00 元
117.《修辞术的诞生》,[英]R. 沃迪著,何博超译　48.00 元
118.《历史表现中的真理、意义和指称》,[荷]F. 安克斯密特著,周建漳译　45.00 元
119.《天下时代》,[美]E. 沃格林著,叶颖译　78.00 元
120.《寻求秩序》,[美]E. 沃格林著,徐志跃译　48.00 元

第十三批书目

121.《美德伦理学》,[新西兰]R. 赫斯特豪斯著,李义天译　55.00 元
122.《同情的启蒙》,[美]M. 弗雷泽著,胡靖译　48.00 元
123.《图绘暹罗》,[美]T. 威尼差恭著,袁剑译　58.00 元
124.《道德的演化》,[新西兰]R. 乔伊斯著,刘鹏博、黄素珍译　65.00 元
125.《大屠杀与集体记忆》,[美]P. 诺维克著,王志华译　78.00 元
126.《帝国之眼》,[美]M. L. 普拉特著,方杰、方宸译　68.00 元
127.《帝国之河》,[美]D. 沃斯特著,侯深译　76.00 元
128.《从道德到美德》,[美]M. 斯洛特著,周亮译　58.00 元
129.《源自动机的道德》,[美]M. 斯洛特著,韩辰锴译(即出)
130.《种族与文化少数群体》,[美]G. E. 辛普森、[美]J. M. 英格尔著,马戎、王凡妹译(即出)

第十四批书目

131.《城邦与灵魂:费拉里〈理想国〉论集》,[美]G. R. F. 费拉里著,刘玮编译 58.00 元

132.《人民主权与德国宪法危机》,[美]P. C. 考威尔著,曹晗蓉、虞维华译 58.00 元

133.《16 和 17 世纪英格兰大众信仰研究》,[英]K. 托马斯著,芮传明、梅剑华译(即出)

134.《民族认同》,[英]A. D. 史密斯著,王娟译 55.00 元

135.《世俗主义之乐:我们当下如何生活》,[英]G. 莱文编,赵元译 58.00 元

136.《国王或人民》,[美]R. 本迪克斯著,褚平译(即出)

137.《哲学解释》,[美]R. 诺齐克著,林南、乐小军译(即出)

138.《自由与多元论:以赛亚·伯林思想研究》,[英]G. 克劳德著,应奇等译 58.00 元

139.《暴力:思无所限》,[美]R. J. 伯恩斯坦著,李元来译 59.00 元

140.《中心与边缘:宏观社会学论集》,[美]E. 希尔斯著,甘会斌、余昕译 88.00 元